MATTHIAS ZEHNDER

DIE AUFMERKSAMKEITSFALLE

Der Zytglogge Verlag wird vom Bundesamt für Kultur mit einem Strukturbeitrag für die Jahre 2016–2020 unterstützt.

FSC
www.fsc.org
MIX
Papier aus verantwortungsvollen Quellen
FSC® C068066

Lektorat: Thomas Gierl
Coverfoto: © Ifeelstock | dreamstime.com
Gesetzt aus: Frutiger LT Std, Garamond Premier Pro, Palatino LT Std
Gesamtherstellung: Schwabe AG, Druckerei, Muttenz/Basel

Printed in Switzerland
ISBN 978-3-7296-0951-8

www.zytglogge.ch

Matthias Zehnder

DIE AUFMERKSAMKEITS-FALLE

Wie die Medien zu Populismus führen

ZYTGLOGGE

Inhalt

Die Aufmerksamkeitsfalle

Am 9. November 2016 stand die Welt kopf: Obwohl noch am Vortag alle Umfragen der demokratischen Kandidatin Hillary Clinton einen klaren Sieg bei den amerikanischen Präsidentschaftswahlen vorausgesagt hatten, gewann der Republikaner Donald Trump die Wahlen. Zwar stimmten weniger Menschen für den republikanischen Milliardär als für die demokratische Senatorin, aber Trump konnte mehr Elektorenstimmen auf sich vereinen. Beobachter auf der ganzen Welt fragten sich: Wie ist das möglich? Wie kommt es, dass ein politischer Nobody, dessen ganzer Wahlkampf aus Lügen, Hass und Pöbeleien bestanden hatte, zum Präsidenten der Vereinigten Staaten gewählt wurde? Die allermeisten Medien hatten dringend von einer Wahl des Polit-Neulings abgeraten. Selbst die Boulevardzeitung ‹USA Today› hatte sich zu einer Wahlempfehlung durchgerungen – gegen Donald Trump. Die Analyse zeigt indes: Am Großerfolg von Donald Trump sind ganz zuvorderst die Medien selber schuld. Und zwar konkret die Journalisten.

In Werbedollars hatte Hillary Clinton ihren Kontrahenten deutlich übertrumpft: Von den 342 Millionen Dollar, die im amerikanischen Fernsehen für Wahlwerbung ausgegeben wurden, stammten drei Viertel aus dem Clinton-Lager und warben für Hillary – oder gegen Trump. Donald Trump selbst warb nur gerade für 44 Millionen Dollar im Fernsehen – das entspricht gerade mal einem Anteil von 13 Prozent der TV-Werbeausgaben.

Wie konnte es sein, dass bei diesem riesigen Unterschied der Werbebudgets am Schluss dennoch Trump und nicht Clinton ins Weiße Haus einzog? Der Grund ist der redaktionelle Teil der Medien: Die Journalisten hatten viel häufiger über Trump berichtet als über Clinton. Schon während des Vorwahlkampfs, als die beiden Parteien ihre Kandidaten kürten, brachte es

Donald Trump im Fernsehen auf mehr Sendezeit als alle 16 anderen republikanischen Kandidaten zusammengenommen! Im eigentlichen Wahlkampf ging es genauso weiter: Trump beherrschte die Schlagzeilen.

Im März 2016 berichtete die ‹New York Times›, Trump habe bereits Berichterstattung im (hypothetischen) Wert von zwei Milliarden Dollar verbucht. Damals stand das entsprechende Konto von Hillary Clinton bei 746 Millionen Dollar. Allein im Februar 2016 belief sich die redaktionelle Präsenz von Trump auf einen rechnerischen Gegenwert von 400 Millionen Dollar. Also haben nicht die Werber Donald Trump zum Weißen Haus verholfen, sondern die Journalisten.

Allen voran die großen TV-Netzwerke ABC, CBS und NBC. Laut einer Studie von ‹Tyndall Reports› lag Donald Trump 2015 auf Platz zwei (!) der 20 Themen, über die im Fernsehen am meisten berichtet wurde – mehr als über Trump berichteten die Fernsehnetzwerke nur über das Winterwetter. 327 Minuten lang hatten sich die drei größten Fernsehnetzwerke der Kandidatur des Milliardärs gewidmet. Die Kampagne von Hillary Clinton kam in derselben Zeit nur gerade auf 121 Minuten – wenig mehr als ein Drittel der Sendezeit, die Donald Trump verbuchen konnte.

‹Earned Media› nennen die Amerikaner diese redaktionelle Präsenz – übersetzt also etwa: verdiente Medialeistung. ‹Verdient› hat sich Trump diese Leistung vor allem mit zwei Methoden: durch rüpelhafte Twitter-Meldungen über sein Twitter-Konto ‹@realDonaldTrump› und durch rüpelhafte Aussagen bei Ansprachen. Beides, Twitter-Meldungen und Ansprachen, war von den klassischen Medien jeweils sofort ausgeschlachtet worden. Trump war sich dessen bewusst. Er wusste genau, was er tat. Angesprochen auf seine tiefen Werbeausgaben sagte er in einer Talkshow, solange die Journalisten so häufig über ihn berichteten, müsse er nicht mehr werben.

Die Intensität der Berichterstattung ist auch deshalb bemerkenswert, weil Donald Trump die Medien an seinen Veranstaltungen ständig beleidigte und beschimpfte. Die Journalisten wurden in den Hallen hinter Gitter gesperrt, sie wurden angepöbelt und bei ihrer Arbeit behindert. Statt den Rüpel totzuschweigen, berichteten die gescholtenen Medien noch häufiger über ihn.

Warum ist das so? Warum konnte Trump in den Medien dermaßen durchmarschieren? Wie konnten Journalisten, die doch der rationalen Aufklärung verpflichtet sein sollten, zum Steigbügelhalter für einen Mann werden, der notorisch Fakten leugnet und von Wissenschaft und Journalismus nichts hält? Einen Mann, dessen Aussagen laut der amerikanischen Polit-Plattform ‹Politifact› zu 70 Prozent absoluter Blödsinn, komplett falsch oder mehrheitlich falsch sind.

Der Grund ist die Art und Weise, wie Medien heute funktionieren. Früher, bevor es Internet und Kabelfernsehen gab, hatten die Menschen nur sehr wenig Auswahl, welche Zeitung sie lesen oder welchen Fernsehsender sie sehen wollten. Die Tageszeitung, das war halt die Zeitung, die man jeden Morgen las. In einer großen Stadt standen maximal eine Handvoll Titel zur Auswahl. In der Schweiz konnte man einen einzigen Deutschschweizer Fernsehsender empfangen, und auch das erst ab 18 Uhr. Tagsüber gab es nur das Testbild zu sehen – wenn überhaupt. In Deutschland waren es zwei Sender, und auch die begannen erst am frühen Abend mit der Ausstrahlung eines Programms.

Das Publikum konsumierte, was ihm angeboten wurde. Es war wie in einer Herberge mit Vollpension. Egal, was der Wirt dir vorsetzt, du isst, was auf den Tisch kommt – und sei das Fleisch noch so verkocht.

Dann kamen Internet und Glasfaser, Kabel- und Satellitenfernsehen. Heute ist das Medienangebot gigantisch. Das Wohnzimmer der Menschen hat sich in einen riesigen Mediensupermarkt verwandelt. Es gibt keinen übellaunigen Wirt mehr, der einem einen Teller vor die Brust knallt. Man muss nicht mehr essen, was einem vorgesetzt wird. Jetzt ist der Medienkunde König in einem Medienschlaraffenland. Er kann sich querbeet bedienen und die Zutaten dabei beliebig mischen. Niemand schaut einen schief an, kein Mensch fragt danach.

Und das Beste daran: Der Mediensupermarkt verlangt einmal ‹Eintritt› in Form von Internet- oder Kabelnetzgebühren, danach ist alles, was man konsumiert, gratis. Nur die ‹gesunden› Dinge, die ‹Schwarzbrote› der Information, die ‹Vollwertgerichte› des Wissensnetzes, die kosten zusätzlich. Davon abgesehen heißt es: zugreifen. Probleme bereitet allenfalls die riesige Auswahl.

Für die Anbieter bedeutet die große Auswahl vor allem große Konkurrenz. Sie kämpfen deshalb mit harten Bandagen um die Kunden und das Wertvollste, was diese Kunden ihnen zu bieten haben: ihre Zeit, ihre Aufmerksamkeit.

Im Informationszeitalter ist die Aufmerksamkeit der Konsumenten zum Schlüsselgut geworden. Medienanbieter müssen sich diese Aufmerksamkeit um jeden Preis erkämpfen. Wie geht das? Wie holt ein Medium unsere Aufmerksamkeit? Das wichtigste Mittel heißt: auffallen! Wie fällt man auf? Durch Kontraste. Auf einer schwarzen Fläche wird ein weißer Fleck unsere Aufmerksamkeit bekommen. In einer stillen Kirche das Kinderlachen. An einer Pornomesse die Nonne. Kurz: das Außergewöhnliche, das, was aus der Reihe tanzt.

Dieses Außergewöhnliche ist nicht unbedingt das Relevante. Der Busenblitzer an der Preisverleihung, siamesische Meerschweinchenzwillinge im Zoo, ein Schulbub im Dorf, der seiner Lehrerin die Hand nicht geben will – das alles ist viel weniger relevant als die Klimaerwärmung. Dennoch werden die meisten Medienkonsumenten sich zuerst diesen Meldungen zuwenden. Sie fallen auf und holen sich deshalb unsere Aufmerksamkeit.

Donald Trump war im amerikanischen Wahlkampf mit seiner Monstrosität, mit seinen Tabuverletzungen, seinen hässlichen Ausfällen gegen Frauen, Latinos oder Veteranen immer wieder drastisch aufgefallen. Und wurde dafür mit Aufmerksamkeit belohnt. Er hatte Aufmerksamkeit im Höchstmaß bekommen. Die Medien hatten seine vulgären Sprüche mit bigottem Erschaudern gesendet und gedruckt – und sich an den Klicks und Quoten erfreut, die Trumps Tiraden zuverlässig brachten.

Wir kennen dieses Phänomen auch in Europa. In der Schweiz hat SVP-Politiker Christoph Blocher mit ähnlichen Mitteln jahrelang die Medien dominiert. Heute reiten Roger Köppel, ‹Weltwoche›-Chefredaktor und SVP-Nationalrat, und teilweise auch Markus Somm, Chefredaktor und Verleger der ‹Basler Zeitung›, auf dieser Erfolgswelle. Was sie sagen, regt auf – das Resultat sind Klicks und Quoten. Auf ähnliche Art und Weise haben Ukip-Chef Nigel Farage und Boris Johnson in Großbritannien im Abstimmungskampf um den Austritt Großbritanniens aus der Europäischen Union Schlagzeilen gemacht – und das Brexit-Votum gewonnen. Nigel Farage avancierte sogar zum Berater von Donald Trump in den USA.

Auch in Deutschland profitiert die Rechtspartei Alternative für Deutschland (AfD) vom Aufregungsbonus: Im Jahr 2016 diskutierten Politiker auf deutschen Fernsehsendern über 40 Mal Themen rund um die AfD und die deutsche Flüchtlingsfrage. Ganz zu schweigen von den vielen Nachrichten, welche die Aufregung über die Rechtspolitiker generierte. Die ‹FAZ› publizierte Ende 2016 ein Strategiepapier der AfD, das genau dieses Vorgehen zum Wahlkampfprinzip machen wollte: Laut ‹FAZ› will die AfD im Bundestagswahlkampf mit «Provokationen und Tabubrüchen» auf sich aufmerksam machen. Die scheinbar spontanen Ausbrüche von Parteimitgliedern auf Twitter und Facebook, die von Medien gerne empört aufgenommen werden, entpuppen sich als Kalkül: Mit «sorgfältig geplanten Provokationen» wolle die Partei andere Politiker zu nervösen und unfairen Reaktionen verleiten, schrieb die ‹FAZ›. Je mehr die AfD von ihnen stigmatisiert werde, «desto positiver ist das für das Profil der Partei». Aufregung als Strategie.

Ähnlich sieht es in Frankreich rund um Marine Le Pen oder in Italien um Beppe Grillo aus. Beide beherrschen das Provozieren meisterhaft – und wissen ganz genau, wie weit sie dabei gehen dürfen. Antisemitismus zum Beispiel geht nicht. Deshalb hat Marine Le Pen ihren Vater der Partei verwiesen. Anti-Flüchtlings-Rhetorik dagegen ist erfolgreich. Kurz: Auch in Europa ist der große Erfolg populistischer Politiker das Resultat einer auf Aufmerksamkeit reduzierten Publizistik.

Natürlich ist das selten Absicht. Journalisten können denn auch meistens erklären, warum Christoph Blocher und Roger Köppel, Frauke Petry und Marine Le Pen so häufig in den Medien sind. Sie seien als Anführer ihrer Parteien wichtig und als Anti-Mainstream-Figuren relevant. Die Wahrheit ist viel simpler: Blocher, Le Pen und Petry garantieren Quote. Der Erfolg solcher Reizfiguren in der Medienwelt ist deshalb systemimmanent.

Wenn eine Story viele Klicks erhält, wird sie höher gehängt auf der Website und sie wird weiterverfolgt. Themen, denen man ihr Klick-Potenzial ansieht, werden von Anfang an auf mehrere Folgen hin produziert. Das ist das uralte Boulevard-Rezept. So kommt es zur ‹Handschlag›-Serie, zur ‹Burka›-Serie – oder zur Dauerpräsenz von Trump, Blocher, Petry und Co.

Der Erfolg von Donald Trump in den USA oder von Roger Köppel in der Schweiz ist deshalb erst der Anfang. Der Populismus ist die natürliche Schwester einer Klick-orientierten Medienmechanik. Rüpel-Politiker und Boulevardjournalismus leben in einer natürlichen Symbiose. Solange Journalismus so stark von Aufmerksamkeit lebt, wird das so bleiben. Schon das allein ist Grund genug, in der Schweiz eine gebührenfinanzierte SRG und in Deutschland die öffentlich-rechtlichen Sender ARD und ZDF zu erhalten – und die Ursache dafür, warum Rechtsaußen-Politiker in ihren jeweiligen Ländern heftig gegen einen gebührenfinanzierten, öffentlich-rechtlichen Rundfunk ankämpfen.

Dieses Buch versucht zu erklären, wie es zu dieser zentralen Rolle der Aufmerksamkeit gekommen ist, wie diese Aufmerksamkeit funktioniert – und welche fatalen Folgen eine Publizistik hat, die sich ganz dem Aufmerksamkeitsmarkt verschrieben hat. Folgen, die sowohl für den Einzelnen wie auch für unsere demokratische Gesellschaft dramatische Konsequenzen haben können.

Wie es dazu kam: Das Schlaraffenlandproblem

Die Menschen sind Jäger und Sammler. Eigentlich. Sie sind dafür gebaut, stundenlang durch die Savanne zu wandern und nach Beeren oder Antilopen Ausschau zu halten. Will heißen: Der Mensch ist fähig, sich in karger Landschaft zu ernähren, weil er Futter schon von weitem erspäht und fast alles essen kann. Doch heute ist alles anders. Niemand muss mehr wandern, und schon gar nicht stundenlang. Statt öder Leere in der Savanne erstrecken sich vor den Augen der Menschen prall gefüllte Regale im Supermarkt.

Die Folgen zeigen Waage und Spiegel unerbittlich an. In den USA gilt heute etwa ein Drittel der Bevölkerung als übergewichtig, in der Schweiz ist es je nach Messung ein Fünftel bis ein Viertel. Der Grund: In den Industrieländern essen die meisten Menschen zu viel, zu süß, zu salzig und zu fettig. Schuld sind nicht einmal nur Fastfood-Anbieter mit Hamburgern und Pommes. Schuld ist der ganz normale Wahnsinn im Supermarkt: übersüße Joghurts, fettige Fertigsalatsaucen, kalorienreiche Fruchtdrinks, zu salzige Backwaren. Das Problem dabei: Die Entscheidungsgrundlagen, die dem Menschen in der Steppe zum Überleben verhalfen, sind im Supermarkt kontraproduktiv.

Im Supermarkt sind ganz andere Fähigkeiten gefordert. Statt aus wenig Angebot viel Nahrung zu machen, muss der Mensch aus einem riesigen Angebot wenig auswählen. Dabei lauern viele Fallen. Zum Beispiel die Zuckerfalle. Oder die Fettfalle. Die Menschen müssen lernen, das Kleingedruckte auf Joghurtpackungen zu lesen, den Verführungskünsten der Verpackungsdesigner zu widerstehen und nach einer schnöden Gurke zu greifen, obwohl daneben ein Berg Schokoriegel mit kernigen Nüsschen lockt. Dass das nicht allen gelingt, zeigt ein Blick auf die Körperstatistik in den Industrieländern. Die Menschen leiden an Übergewicht und Diabetes, sie essen zu viel und bewegen sich zu wenig – und es wird eher schlimmer als besser. Das Schlaraffenland hat sich vom vermeintlichen Paradies in eine Kalorienhölle verwandelt.

Auch in einem weiteren Bereich droht ‹Schlaraffia›: in der Welt der Medien und der Informationen. Noch vor wenigen Jahrzehnten war Information so wertvoll wie eine Antilope für einen Jäger in der Steppe – und war auch ähnlich selten wirklich verfügbar. Entsprechend sind die Menschen darauf ausgelegt, aus wenig Information viel Wissen und Meinung zu machen. Heute ist das komplett anders. Wir leben in einem Informationssupermarkt. Das ist, wie wenn man eine Wüstenpflanze in ein Sumpfgebiet verpflanzt: Es kommt nicht gut.

Plötzlich haben wir jederzeit überall Zugriff auf alles: Bücher, Musik, Filme, Bilder, Nachrichten sowieso. Dabei ist das Angebot nicht nur unendlich groß, es ist zum größten Teil auch noch gratis – zumindest die ‹Fett- und Zuckerbomben› kosten nichts. Wer sich sinnvoll ernähren will, muss zahlen. Die Folgen lassen sich an einer Hand ausrechnen: informative Fehlernährung, Mangelbildung durch Überinformation, geistige Adipositas bei gleichzeitiger Unterernährung des Verstandes. Es ist das mediale Schlaraffenlandproblem. Und ähnlich wie bei der Ernährung sind für das geistige Überleben ganz neue Fähigkeiten und Fertigkeiten gefordert. Es kommt nicht mehr darauf an, etwas beschaffen zu können und es zu besitzen, es kommt darauf an, das Richtige auszuwählen und sich auf das Wesentliche konzentrieren zu können. Das Schlaraffenlandproblem fordert die Menschen ganz neu heraus, und nicht nur jene, die konsumieren, sondern auch die, die Inhalte schaffen. Sie drohen, wie die tausendste Joghurtsorte im Supermarktregal, zur beliebigen Variante des Überflusses zu verkommen. So wie es für das körperliche Überleben entscheidend ist, in der

Fülle des Angebots die richtigen Nahrungsmittel in der richtigen Dosis auszuwählen, ist es für das geistige Überleben wichtig, die richtigen Informationen auszulesen.

Weimar, 1715

Blenden wir einmal etwas zurück. Sagen wir: etwa dreihundert Jahre, in eine deutsche Kleinstadt. Zum Beispiel nach Weimar im Jahr 1715. Die Stadt hat zu diesem Zeitpunkt etwa 5000 Einwohner. Die lautesten Geräusche in Weimar sind das Läuten der Kirchenglocken, das Donnern beschlagener Kutschenräder auf Pflastersteinen und das Hämmern des Schmieds. Zwischen diesen lauten Geräuschen sind Rufe zu hören von Händlern, von Fuhrknechten, die ihre Pferde antreiben, von Kindern beim Spielen. Hie und da bellt ein Hund, Hühner gackern, ein Hahn kräht. Und zwischen den Geräuschen dehnt sich immer wieder Stille aus. Man hört den Wind in die Schindeldächer fahren, es knarzt eine Tür, Schritte knirschen auf Kies. Dazwischen: nichts. Und schon gar keine Musik.

Stellen wir uns nun einen jungen Mann vor, der 1715 in Weimar lebt. Der junge Mann hört nur Musik, wenn er sie selber macht. Und dazu hat er keine Zeit. Vielleicht summt mal eine Magd ein Liedchen, vielleicht ist ein Stadtpfeifer zu hören, wie er vom Turm zur Mittagszeit bläst. Davon abgesehen hört der junge Mann nur Geräusche, keine Musik. Nachts ohnehin nicht: Da rascheln ein paar Ratten im Stroh, sonst ist es still.

Am Sonntag geht unser junger Mann in die Kirche, reißt sich beim Eintreten die Kappe vom Kopf und setzt sich in eine harte Holzbank. Rund um ihn herum nimmt die Gemeinde Platz. Die Türe schließt sich mit einem dumpfen Knall. Ein paar Sekunden ist es still, dann hört der junge Mann den Organisten die Orgel schlagen. Es ist Johann Sebastian Bach, eben dreißig Jahre alt geworden, und er spielt eine Toccata von eigener Hand. Brausend füllen die Orgelklänge die kleine Kirche und die Ohren des jungen Mannes. Bach war der vielleicht beste Organist seiner Zeit und verstand es wie kein Zweiter, eine Orgel zum Klingen zu bringen. Seine Toccaten haben heute noch Kraft. Auf einen jungen Mann im Jahr 1715, der die ganze Woche über keinen Ton Musik und auch sonst nicht viel gehört hat, müssen Bachs Orgelstücke im wahrsten Sinn umwerfend gewirkt haben. Bach wird vom Kirchenvorstand denn auch gerügt, weil er so «aufwühlend präludieret». Johann Sebastian Bach an einem Sonntag in der Kirche Orgel spielen zu hören, muss ein extrem starkes Erlebnis gewesen sein. Ein Erlebnis, das Spuren hinterließ. Der junge Mann dürfte sich noch lange an die Bach-Toccata erinnert haben.

Stellen wir uns heute, gute dreihundert Jahre später, einen jungen Mann in Weimar vor. Die Stadt hat mittlerweile rund 65 000 Einwohner. Motorenlärm und das Geräusch abrollender Reifen legen einen ständigen Geräuschteppich über die Stadt, ab und zu durchschnitten vom helleren Quäken eines Kleinmotorrades und vom dumpfen Brummen eines Lastwagens. Manchmal ist ein Flugzeug zu hören, eine Hupe trompetet grell, vielleicht quietscht ein Reifen auf dem Asphalt. Kirchenglocken sind in dieser Geräuschkulisse kaum auszumachen, Vogelstimmen schon gar nicht. Überhaupt sind Tiere so gut wie gar nicht mehr zu hören. Unseren jungen Mann stört das nicht. Er nimmt den Lärm der Autos kaum wahr: Er trägt kleine, weiße Stöpsel in den Ohren. Wenn man neben ihm steht, ist aus den Stöpseln leises Sirren, Quäken und Wummern zu vernehmen: Der junge Mann hört Musik. Im Vergleich zu unserem jungen Mann aus Weimar zu Bachs Zeiten haben sich die Verhältnisse umgekehrt: Stille ist für den Mann von heute so selten wie dreihundert Jahre früher Musik. Würde der heutige junge Mann über seine kleinen Kopfhörer aus irgendeiner Laune von ‹Apple Music› oder ‹Spotify› plötzlich eine Bach-Toccata hören, wäre er wohl kurz irritiert, weil er diese Orgelmusik nicht kennt (kein Beat!) und deshalb nicht mag. Davon abgesehen: Schulterzucken, nächster Song.

In den dreihundert Jahren, seit Johann Sebastian Bach in Weimar die Orgel schlug, haben sich die akustischen Verhältnisse offenbar komplett verändert. War einst die Stille der Normalfall, durchschnitten nur von ein paar Geräuschen, ist es heute umgekehrt. Der Normalfall in einer Stadt ist Lärm. War einst Musik der absolute Sonderfall, ist Musik heute, der kleinen, weißen Ohrstöpsel wegen, zum omnipräsenten Soundtrack des Lebens geworden. Kein Schritt ohne Sound, keine Minute ohne Musik.

Diese Umkehrung der Verhältnisse muss Grundlegendes im Umgang der Menschen mit Musik verändert haben. Was ist das genau, was sich verändert hat? Und was hat das bewirkt? Stellen wir uns einen Wüstennomaden vor, der nur selten auf Wasser stößt und, wenn er einmal eine Quelle trifft, das kostbare Nass ehrt und hochschätzt. Stellen wir uns vor, der Wüstennomade wird mitten in die Quelle eines Mineralwasserproduzenten versetzt. Wie verändert sich sein Verhältnis zu Wasser? Er wird sich daran gewöhnen, dass Wasser in beliebiger Menge ständig zur Verfügung steht. Er wird es kaum mehr so hoch ehren. Wird er es noch schätzen? Und wenn diese Veränderung bei Musik stattgefunden hat – wie ist es dann bei Büchern, Zeitungen, Filmen und Bildern, die doch heute ebenso omnipräsent vorhanden sind wie die Musik? Die Welt war für uns Menschen einst eine leere, weiße Leinwand, auf der jeder Farbtupfer eine große Bedeutung hatte. Heute leben wir in einem Action-Painting von Jackson Pollock, das ein verwirrendes Geflecht von Farben und Formen zeigt. Ein einzelner Farbtupfer würde uns darauf gar nicht auffallen. Ob das gut oder schlecht ist, sei einmal dahingestellt – ganz offensichtlich hat sich unsere mediale Umwelt von der leeren Leinwand in einen Jackson Pollock, von der Wüste in eine Mineralquelle verwandelt.

Verglichen mit dem jungen Mann von 1715 leben wir heute im medialen Schlaraffenland: Medien sind immer und überall praktisch beliebig verfügbar. Dabei müssen wir nicht einmal so weit zurückgreifen. Der junge Mann von 1715 hat wahrscheinlich, was Medien angeht, mit einem Mann von 1815 und 1915 mehr gemeinsam als diese mit einem Mann von heute. In den letzten paar Jahren hat sich bezüglich Verfügbarkeit von medialen Inhalten mehr verändert als in hunderten Jahren zuvor. Damit ist auch der Umgang der Menschen mit Medien ein völlig anderer geworden.

Es stellen sich deshalb einige wichtige Fragen:

- Fragen in Bezug auf die Auswirkungen der grenzenlosen Verfügbarkeit von Medien. Was macht das mit uns, wenn wir immer und überall alles und jedes hören, sehen und lesen können?
- Fragen in Bezug auf den Umgang mit Medien. Was ist gut, was tut uns gut, was hilft, was schadet? Ist mehr besser? Oder wäre weniger mehr?
- Fragen in Bezug auf die Erziehung: Wie bereiten wir unsere Kinder gut auf die veränderten Weltbedingungen vor? Können wir sie überhaupt vorbereiten? Was ist gut für sie?

Versuchen wir, die Fragen schrittweise anzugehen und zu beantworten.

Der mediale Supermarkt und seine Folgen

Von Erich Kästner gibt es das wunderbare Gedicht ‹Entwicklung der Menschheit›. Das Gedicht beginnt so:

Einst haben die Kerls auf den Bäumen gehockt,
Behaart und mit böser Visage.
Dann hat man sie aus dem Urwald gelockt
Und die Welt asphaltiert und aufgestockt,
Bis zur 30. Etage

In farbigen Worten beschreibt Kästner in den folgenden Strophen, wie die Menschen den «Flöhen entflohen» sind und nun in «zentralgeheizten Räumen» am Telefon sitzen, wie sie weit hören und fernsehen und mit dem «Weltall auf Fühlung» sind, wie sie Atome spalten und das, was ihre Verdauung übriglässt, zu Watte verarbeiten. Die letzte Strophe des Gedichts lautet:

So haben sie mit dem Kopf und dem Mund
Den Fortschritt der Menschheit geschaffen.
Doch davon mal abgesehen und
Bei Lichte betrachtet, sind sie im Grund
Noch immer die alten Affen.

Was hier Erich Kästner mit lockerer Hand beschreibt, ist das zentrale Problem der Menschheit: Zwar haben wir in den letzten paar Jahrtausenden mächtig viel Zivilisation entwickelt, vom geheizten Bad bis zum Computer und von der gepflasterten Straße bis zur Kernspintomographie. Doch mit Blick auf die Evolution ist die ganze Zivilisation nur ein dünner Firnis. Unsere Körper haben sich, seitdem unsere Vorfahren vor einigen hunderttausend Jahren in Steppe und Savanne Hasen jagten und

Beeren sammelten, nur wenig weiterentwickelt. Wir sind, wie Kästner konstatiert, «im Grund noch immer die alten Affen».

Doch da, wo bei unseren Vorfahren Muskelstränge in einer Fellschürze verschwanden, wölbt sich bei uns ein wabbeliger Bauch. Griffen früher sehnige Arme nach Wurfspeer und Steinaxt, liegen die Arme heute schlaff auf der Sofalehne und die Finger greifen abwechslungsweise nach Fernbedienung und Nüsschenschale. Körperlich noch als Jäger und Sammler konzipiert, lebt der heutige Mensch längst das Leben eines Drohns der Zivilisation. Dabei ist noch nicht einmal so wichtig, was einst gejagt und gesammelt wurde. Wichtig ist, dass sich die Menschen dabei körperlich über viele Stunden am Tag betätigen mussten, bis es etwas zu essen gab.

Um heute zum Hasen zu kommen, reicht es, ein paar Schritte vom Parkplatz in der Tiefgarage zum Kühlregal im Supermarkt zu machen. Und die Himbeeren liegen gleich daneben. Doch der Mensch ist als Läufer konzipiert. Er ist vielleicht nicht so schnell wie ein Gepard, aber deutlich ausdauernder: Der Körper ist dafür gebaut, viele Stunden am Tag auf den Beinen zu sein und zu laufen. Leider reagiert die Evolution nur sehr langsam auf die veränderten Bedingungen der Nahrungsbeschaffung. Die paar Tausend Jahre, die wir mit Zivilisation verbracht haben, haben nicht ausgereicht, um uns umzubauen für ein Leben in «zentralgeheizten Räumen». Die fehlende Jagd vor dem Schmaus macht sich deshalb bei den meisten Menschen in einer mehr oder weniger großen Wampe bemerkbar.

Dazu kommt, dass es im Supermarkt nicht nur Hasenbraten und Himbeeren gibt, sondern auch gesalzene Erdnüsse und Salami, Schokolade und Softdrinks. In der Savanne verschaffte fettiges Essen den Menschen einen Überlebensvorteil, und wenn Essen süß war, dann war es gut und bot viele Kalorien. Heute zeigt die Süßigkeit des Essens, auf die unsere Körper immer noch trainiert sind, lediglich an, dass der Hersteller viel Zucker beigemischt hat, und das Fett vergrößert nicht mehr die Überlebenschancen, sondern nur noch den Bauch. Die Eigenschaften, die den Menschen in der Savanne überleben ließen, bewirken im modernen Supermarkt das genaue Gegenteil.

Jetzt steht dieser Mensch also vor einem prall gefüllten Regal und kann mit den Fähigkeiten, die er bisher einsetzte, um satt zu werden, gar nichts mehr anfangen. Er muss weder spähen noch wandern, er muss sich auf etwas ganz anderes spezialisieren: Er muss auswählen. Es kommt nicht mehr darauf an, im Blättergrün eine rote Beere zu erspähen, sondern darauf, aus geschätzten 144 Joghurtsorten die richtige auszuwählen. Das ist in etwa so, wie wenn man mit einem Rechen eine einzige Nadel aus einem ganzen Nadelhaufen herauspicken wollte. Ein Rechen ist dafür ganz klar das falsche Werkzeug: Es kämen viel zu viele Nadeln mit. Genau das passiert dem modernen Menschen mit seinem Körper aus der Steinzeit im Einkaufszentrum.

Und genauso geht es uns Steinzeitmenschen heute auch im Umgang mit den Medien. Unsere Gehirne sind verflixt gute Rechen, die daraufhin optimiert sind, aus wenigen Informationen viel Zusammenhang zu machen. Ein Blick in das Gesicht eines Gegenübers genügt, und wir wissen über dessen Gefühlslage einigermaßen Bescheid – wenigstens gefühlsmäßig. Ein Blick aus dem Fenster reicht, und wir wissen, was für Wetter ist. Auch wenn wir in eine Arbeit vertieft sind, nehmen wir eine Bewegung aus den Augenwinkeln jederzeit wahr – es könnte ja ein Löwe sein, der hinter einem Felsen hervorspringt. Es sind diese Fähigkeiten, die in der Steinzeit überlebenswichtig waren.

Jahrhundertelang haben die wachen Sinne dem Menschen genützt, weil Informationen spärlich waren. Bis im 18. Jahrhundert waren Bücher in Privatbesitz eher die Ausnahme als die Regel. Gedrucktes war wertvoll. Noch 1920 druckte der

Konsumverein Basel auf der Frontseite seines vierseitigen Mitteilungsblatts den Hinweis: «Auch auf der vierten Seite noch wertvolle Informationen.»

Heute hat der Nachfolger dieses Mitteilungsblatts, die ‹Coopzeitung›, im Schnitt über 120 Seiten. Gedrucktes hat spätestens seit Einführung von Gratiszeitungen drastisch an Wert verloren, ja ist im Briefkasten zur unerwünschten Belastung geworden, wovon die vielen «Stopp: Keine Werbung»-Aufkleber zeugen. Auch die Steinzeit-Sinne sind mittlerweile mehr Belastung als Nutzen. Das priorisierte Wahrnehmen von Bewegungen führt dazu, dass wir uns unwillkürlich nach jedem Bildschirm umdrehen. Auch der belanglosesten Bewegung auf einem Monitor räumen unsere Gehirne eine höhere Wichtigkeit ein als der bedeutsamsten Buchstabenfolge auf Papier.

Vor allem aber überfordern die im Schnitt über 250 Fernsehkanäle und die weiterhin anschwellende Informationsflut im Internet die auf eine leere Steppe optimierten Gehirne der Menschen: Sie können mit der Informationsflut nicht umgehen. Denn eigentlich sind sie ursprünglich ja darauf getrimmt, Beeren in der Steppe zu finden oder sich eine neue Falle für Hasen auszudenken. So stehen wir nicht nur im realen Supermarkt oft ratlos vor dem Joghurtregal, sondern auch im medialen Supermarkt vor dem Inhaltsangebot.

Allerdings ist der mediale Supermarkt noch viel schlimmer als der reale Supermarkt: Zum einen ist er unendlich groß, und man muss, um ihn zu erreichen, nicht einmal mehr in ein Auto steigen. Es genügt, das Handy zu zücken. Zum anderen hat die Angebotsstruktur im medialen Supermarkt noch verheerendere Folgen für unsere Gehirne, als es Gummibärchen und Kartoffelchips auf unsere Figur haben: Gerne greifen wir immer mehr zu den meist kostenfreien Schleckereien fürs Gehirn und lassen die eher kostenpflichtigen geistigen Vitamine links liegen.

Und Schleckereien fürs Gehirn sind die schnellen Gratisinhalte im Internet tatsächlich. ‹Brain Candy› nennen die Amerikaner Inhalte, die sich locker konsumieren lassen, aber außer Appetit auf noch mehr kaum etwas hinterlassen. Wenn es dabei um Literatur geht, nannte man das früher ‹Trivialliteratur› (und noch früher ‹Schund›). Im Internet gibt es dafür keinen Namen, weil es Normalität ist. ‹Brain Candy›, die ‹Online-Hirn-Zuckerl›, haben mit den Gummibärchen gemeinsam, dass man erst aufhören kann, wenn die Tüte leer ist. Bloß: Im Unterschied zur Süßigkeitenpackung ist das Internet nie leer.

Es ist diese verzweifelte Unfähigkeit des Menschen, im (medialen) Supermarkt mit übervollen Gratisregalen umzugehen, die ich das ‹Schlaraffenlandproblem› nenne: Wir leben im Schlaraffenland, und langsam bringt es uns um. Körperlich ganz real mit Adipositas und Diabetes, mental mit den Äquivalenten dieser Krankheiten, die in einem überzuckerten und überfütterten Geist entstehen.

Besonders schlimm an dieser Diagnose ist: Wir können nicht auf Hilfe aus dem Markt hoffen. Die Wirtschaft ist nicht daran interessiert, dass wir uns selbst beschränken, genügsam nur das konsumieren, was uns guttut, und sonst den Supermarkt der Medien links liegen lassen. Es hilft deshalb nur der münchhausische Griff an den eigenen Kragen: Wir müssen uns selbst aus dem Schlamassel ziehen. Machen wir uns daran!

Zahlen zum Medienkonsum

Die Feststellung ist trivial, aber trotzdem bedeutend: Die Zeit, die wir mit Medien verbringen, hat sich in den letzten 100 Jahren wohl mindestens verzehnfacht. Um 1900 verbrachten die Menschen etwa zehn Stunden pro Woche mit Medien. 100 Jahre später sind es rund 100 Stunden pro Woche – das sind erstaunliche 14 Stunden Medienkonsum pro Tag. Wie kann das sein?

Dass die Menschen vor 100 Jahren so wenig Zeit mit Medien verbrachten, ist nicht erstaunlich: Damals waren schlicht noch kaum Medien verfügbar. Allerdings gab es auch noch keine Marktforschungsunternehmen, die minutiöse Nutzungsstatistiken erhoben. Zahlen, wie wir sie heute zum Medienkonsum haben, gibt es für diese Zeit nicht. Aussagen über den Medienkonsum sind mit entsprechender Vorsicht zu genießen.

Relativ genaue Aussagen kann man über den Besitz und die Verfügbarkeit von Medien machen. Auswertungen über den Buchbesitz von Familien im 18. Jahrhundert zeigen zum Beispiel, dass ein Haushalt im Schnitt etwa fünf Bücher besaß. Im frühen 20. Jahrhundert war das nicht viel anders: In den Haushalten standen eine Handvoll Bücher im Regal, man las die Zeitung und hörte die Nachrichten im Radio.

In den ersten 50 Jahren des 20. Jahrhunderts verdoppelte sich der Medienkonsum etwa. Dann kam das Fernsehen, und mit dem Fernsehen stieg der Medienkonsum rasch an. Für die Schweiz liegen konsolidierte Zahlen seit 1975 vor. Laut den Zahlen des Bundesamts für Statistik hat der Radiokonsum von 1975 bis 2000 von 150 Minuten am Tag auf rund 200 Minuten am Tag zugenommen. Seit 2000 ist der Radiokonsum rückläufig. Die Fernsehnutzung in der Schweiz ist pro Sprachregion unterschiedlich, Zahlen liegen ab 1985 vor: In der deutschsprachigen Schweiz betrug der Fernsehkonsum 1985 etwa 120 Minuten am Tag, in der italienischsprachigen Schweiz

150 Minuten am Tag, die französischsprachige Schweiz lag dazwischen. Die Nutzung nimmt bis etwa 2010 auf 140 Minuten in der Deutschschweiz und 190 Minuten in der italienischsprachigen Schweiz zu. Seither ist die Nutzung auch beim Fernsehen leicht rückläufig.

Kontinuierlich rückläufig ist die Zeit, welche die Menschen mit Lesen verbringen. Für die Schweiz sehen die Zahlen so aus: Bis in die 70er Jahre haben die Schweizerinnen und Schweizer etwa 50 Minuten pro Tag fürs Lesen aufgewendet. Bis 2003 hat sich diese Zahl fast halbiert auf etwa 30 Minuten pro Tag. Der Begriff ‹Lesen› umfasst dabei alle gedruckten Medien, also Zeitungen, Zeitschriften und Bücher.

Stark zugenommen hat die Zeit, welche die Menschen mit dem Internet verbringen: 2016 waren es im Schnitt etwa zwei Stunden pro Tag. Zwei Drittel der Menschen nutzen das Internet jeden Tag, im Durchschnitt wird es an sechs von sieben Wochentagen genutzt. Zwei Stunden Internet im Durchschnitt pro Tag zusätzlich zu zwei Stunden Fernsehen und drei Stunden Radio – ganz zu schweigen vom ständigen Griff zum Handy. Im Schnitt greifen wir 214 Mal pro Tag zum Mobiltelefon – meistens nutzen wir dabei das mobile Internet und seine Dienste.

Die Zeit, die wir mit Medien verbringen, hat also drastisch zugenommen. Was die Marktforscher uns nicht sagen: auf Kosten von was wir so viel Zeit mit Medien verbringen. Laut dem Medienpädagogischen Forschungsverbund Südwest (MPFS), der seit vielen Jahren regelmäßig die Mediennutzungsgewohnheiten von Kindern und Jugendlichen erhebt, haben sich die Freizeitaktivitäten von Jugendlichen in den letzten 20 Jahren nicht dramatisch verändert. An erster Stelle der (nonmedialen) Freizeitaktivitäten steht nach wie vor das Treffen von Freundinnen und Freunden. Allerdings sind diese Treffen heute in der Regel medial begleitet: Das Handy ist immer mit dabei und spielt bei der Interaktion mit Freunden eine immer größere Rolle. Das gilt auch für viele andere Freizeitaktivitäten: Handy und Internet sind oft mit dabei. Ob in der Bibliothek oder im Sportclub, beim ‹Chillen› oder beim Fernsehen – das Handy (und damit das Internet) ist mit dabei.

Beim Fernsehen spricht man deshalb vom ‹Second Screen›, vom zweiten Bildschirm, über den man sich während des Fernsehens zum Beispiel über das Gesehene austauscht. Besonders populär sind solche Unterhaltungen über soziale Medien während Fußballspielen und während der Ausstrahlung des ‹Tatorts› am Sonntagabend. Dass das Handy immer mit dabei ist, bedeutet aber auch, dass viele Jugendliche nicht mehr nur eine Tätigkeit aufs Mal ausüben, sondern gleichzeitig immer auch medial aktiv sind. Die Zeit, die wir mit Medien verbringen, geht auf diese Weise zwar nicht auf Kosten von bestimmten Freizeitaktivitäten, aber auf Kosten der Konzentration darauf. Anders gesagt: Die ständige Präsenz von Handy und Internet führt dazu, dass die Aufmerksamkeit immer häufiger bloß eine geteilte ist.

Vielen Menschen ist der Griff zum Smartphone so in Fleisch und Blut übergegangen, dass sie auch dann nicht darauf verzichten, wenn sie am Steuer eines Autos sitzen. Die Folgen können tödlich sein. Schon das Telefonieren beim Autofahren hat Studien zufolge einen ähnlichen Effekt wie leichte Angetrunkenheit. Ganz zu schweigen davon, wenn Fahrerinnen und Fahrer am Steuer eine Nachricht schreiben. Das ist keineswegs selten: In mehreren europäischen Ländern und in den USA werden von den jeweiligen Agenturen zur Unfallverhütung Werbekampagnen geschaltet, die vor dem Griff zum Handy am Steuer warnen. Besonders im Fokus: das SMS-Schreiben am Steuer.

Zeitungsmodelle

Egal, ob es regnet oder schneit, ob es Katzen hagelt oder die schwüle Luft der Hundstage schwer auf der Stadt lastet – jeden Morgen kurz vor sechs hebt der Zeitungsausträger die Klappe des Briefkastens und schiebt die Tageszeitung in den Kasten. Wenig später hat die Abonnentin oder der Abonnent das Leibblatt in der Hand. Zum Morgenkaffee schaut sie, schaut er nach, welche Themen die Zeitung heute auf der Frontseite bringt, was die Zeitung zum letzten Match des lokalen Fußballclubs sagt, wie das Wetter heute wird und wer gestorben ist.

Die Zeitung gehört für Zeitungsabonnenten zum Morgenritual wie das Brötchen zum Kaffee. Der Abonnent und seine Zeitung pflegen eine Beziehung, die über die reine Nachrichtenvermittlung hinausgeht. Die persönliche Tageszeitung ist ein Stück vertrauter Alltag, ein Stück Heimat: Die Zeitung ist Gewohnheit. Das geht so weit, dass die Gewohnheiten weitervererbt werden: Kinder, die in einem Haushalt aufwachsen, in dem Zeitungen gelesen werden, greifen als Erwachsene selbst eher zu Zeitungen – und sie lesen oft dieselbe Zeitung wie ihre Eltern.

Die Leserinnen und Leser haben es sich in dieser Gewohnheit eingerichtet wie in einer alten Jeans, die vielleicht abgewetzt aussieht und schon ein paar Löcher hat, aber durch das viele Tragen sehr bequem geworden ist. Das bedeutet: Zeitungen und Abonnenten pflegen ein verlässliches Verhältnis. Es gibt gegenseitige Erwartungen und ein gegenseitiges Vertrauen. Der Leser weiß, was er an seiner Zeitung hat, deshalb muss ihm das die Zeitung nicht jeden Morgen beweisen. Und die Zeitung weiß, was sie an ihren Lesern hat, deshalb wird pauschal einmal im Jahr abgerechnet, und nicht jede Leistung einzeln auf Schritt und Tritt verrechnet.

Seit Anfang des 20. Jahrhunderts gibt es im deutschsprachigen Raum auch ein ganz anderes Zeitungsmodell: die Kaufzeitung. Die Basis für das neue Zeitungsmodell bildete die ‹Berliner Zeitung›, die seit 1878 im Ullstein Verlag erschien. Nach dem Vorbild US-amerikanischer Zeitungen überarbeitete Louis-Ferdinand Ullstein, der Sohn des Verlagsgründers, 1904 das Konzept der Zeitung. Statt wie bisher üblich am Morgen und am Abend erschien die Zeitung nur noch einmal am Tag: am Mittag. Sie nannte sich deshalb ‹B.Z. am Mittag›.

Vor allem aber: Die Zeitung wurde ausschließlich von Zeitungsjungen im Straßenverkauf abgesetzt. Rund 2000 Jungen verkauften das Blatt jeden Tag auf der Straße. Sie schrien lautstark «Bezett!» und riefen einzelne Schlagzeilen aus. Passanten mussten in Sekunden, nach einem Blick auf die Frontseite, entscheiden, ob sie das Blatt kaufen wollten.

Das bedeutete: Der Erfolg der Zeitung hing davon ab, dass jeden Tag ein, zwei Geschichten auf der Frontseite standen, die einen Passanten dazu brachten, die Geldbörse zu zücken. Die ‹B.Z. am Mittag› setzte deshalb auf Sensationen: kurze, leicht verständliche Nachrichten – und auf Aktualität. Sie bezeichnete sich selbst als «die schnellste Zeitung der Welt».

Und sie war tatsächlich schnell. Bis eine halbe Stunde vor Beginn des Straßenverkaufes konnten letzte Nachrichten eingerückt werden. Als erste deutsche Zeitung unterhielt die ‹B.Z. am Mittag› ein Netz von Auslandskorrespondenten. Sie hatte Mitarbeiter in London, New York und Paris und sorgte so dafür, dass internationale Nachrichten sehr rasch ins Blatt fanden.

Auf diese Weise konnte sie bald ihren ersten großen Coup landen: Am 28. Oktober 1908 veröffentlichte die englische Zeitung ‹The Daily Telegraph› ein Interview mit dem deutschen Kaiser Wilhelm II., in dem sich der Kaiser sehr freimütig über die deutsche Außenpolitik äußerte. Weil die ‹B.Z. am

Mittag› über einen Korrespondenten in London verfügte, konnte sie das Interview bereits drei Stunden später in deutscher Übersetzung in Berlin veröffentlichen – und stand damit am Anfang eines Skandals rund um den deutschen Kaiser und seine Ansichten zur Außenpolitik.

Da sie als erste deutsche Zeitung ausschließlich auf den großen Straßen Berlins verkauft wurde und diese breiten Straßen ‹Boulevards› hießen, wurden diese Straßen zum Namensgeber des Genres, das die ‹B.Z. am Mittag› begründet hatte: des Genres der Boulevardzeitungen.

Eine Boulevardzeitung funktioniert ganz anders als eine Abo-Zeitung: Es geht bei ihr nicht um das Pflegen einer Vertrauensbeziehung und nicht um Verlässlichkeit. Es geht darum, in Sekundenbruchteilen den potenziellen Käufer zum Kauf der Zeitung zu animieren. Ein Blick darauf muss genügen, um das Verlangen zu wecken, die Zeitung haben und lesen zu wollen.

Mit ausgewogenen Titeln geht das nicht. Das braucht Titel, die knallen. Wer sie liest, muss nach Luft schnappen – und rasch nach der Geldbörse greifen, weil er wissen will, was für eine Geschichte sich hinter der Schlagzeile verbirgt. Das geht nicht mit differenzierter Berichterstattung, mit sorgfältig austarierten Worten. Das braucht große Lettern, die man von weitem lesen kann. Kurze Wörter, die jeder auf der Straße versteht. Keine intellektuellen Texte, sondern Titel, welche die Hand sofort in die Tasche greifen lassen, weil man unwillkürlich wissen will, was da los ist.

Das Rezept dafür lässt sich in drei Worten zusammenfassen: emotionalisieren, skandalisieren, personalisieren. Die Menschen spricht man mit (großen) Emotionen an, nicht mit Argumenten. Es darf dabei nicht einfach um Nachrichten gehen, es muss sich um Skandale handeln. Und Gegenstände bewegen die Menschen nicht, schon gar nicht abstrakte. Es muss um Menschen gehen, um Schicksale, um große Aufstiege, um noch größere

Abstürze, um Träume – und um Albträume. Dann greift der Passant zur Geldbörse und ersteht sich das Blatt, sei es die ‹B.Z. am Mittag› oder die ‹Bild›, den ‹Blick› und wie sie alle heißen.

Seit 1904 bewährt sich dieses Rezept auf dem Boulevard und am Kiosk. Ende der 1990er Jahre hat die klassische Boulevardzeitung jedoch einen scharfen Konkurrenten erhalten: die Gratiszeitung. Kostenlose Zeitungen gab es in der Schweiz schon lange. Die größten (und ältesten) sind die Zeitungen der beiden Großverteiler, die ‹Coopzeitung› mit einer Gesamtauflage von 2,546 Millionen Exemplaren auf Deutsch, Französisch und Italienisch und einer Auflage von 1,816 Millionen Exemplaren auf Deutsch sowie das ‹Migros Magazin› mit einer Gesamtauflage von 2,173 Millionen Exemplaren auf Deutsch, Französisch und Italienisch und einer Auflage von 1,568 Millionen Exemplaren auf Deutsch.

In den 1990er Jahren erfanden aber zwei norwegische Verlage eine neue Art der Zeitung: die kostenlose Zeitung für Pendler. Der norwegische Verlag Schibsted brachte ‹20 Minuten› auf den Markt, das norwegische Unternehmen Metro International die Konkurrenzzeitung ‹Metropol›. Die Rezepte waren dieselben: eine kostenlose Boulevardzeitung für Zugpendler, die sich während der Fahrt im Zug oder in der Straßenbahn an den Arbeitsplatz lesen ließ. In der Schweiz dauerte der Kampf der Gratiszeitungen nicht lange: ‹20 Minuten› setzte sich gegen ‹Metropol› und weitere Konkurrenten wie ‹.ch› durch.

Heute gehört die Schweizer Ausgabe der Zeitung dem Zürcher Verlag Tamedia und ist mit einer Auflage von 448 000 Exemplaren die mit Abstand meistgelesene Tageszeitung in der Schweiz. ‹20 Minuten› liegt in Bahnhöfen und an Haltestellen in Zeitungsboxen auf. Auch hier gilt, ähnlich wie schon 1904 bei der ‹B.Z. am Mittag›: Die Schlagzeile auf der Frontseite muss so stark sein, dass sie handlungsauslösenden Charakter hat. Sie muss die vorübereilenden Passanten dazu bringen, in die Zeitungsbox zu greifen und sich eine Zeitung herauszunehmen.

Die Motivation muss nicht ganz so stark sein wie bei einer Boulevardzeitung, schließlich kostet eine Pendlerzeitung nichts. Ein Teil der Leser greift wohl aus purer Gewohnheit in die Zeitungsbox. Solche Gewohnheiten bröckeln aber schnell, es muss ihnen immer wieder mit starken Anregungen nachgeholfen werden, also mit starken Schlagzeilen, mit Emotionen und Sensationen.

Im Gegensatz zur Schweiz, wo mit Tamedia und Ringier die beiden größten traditionellen Verlage auch die Herausgeber der größten Gratis-Tageszeitungen sind, haben sich in Deutschland die Verlage der Kaufzeitungen bisher erfolgreich gegen Gratiszeitungen gewehrt. Ende der 1990er Jahre versuchte die Schibsted-Gruppe zwar auch in Köln, eine Gratiszeitung namens ‹20 Minuten› zu lancieren. DuMont und Springer, die beiden Verlage der lokalen Kaufzeitungen, wehrten sich aber dagegen, indem sie Konkurrenz-Gratiszeitungen auf den Markt brachten und Schibsted mit Klagen eindeckten. Als Schibsted 2001 aufgab, stellten auch die beiden Verlage ihre Gratiszeitungen wieder ein. Es gibt deshalb in Deutschland keine große, überregionale Gratiszeitung.

In den letzten Jahren ist aber ein weiterer großer Marktplatz dazugekommen: das Internet. Anders als die reale Welt hat das Internet keine körperliche Ausdehnung: Als elektronisches Netzwerk eliminiert es jede Geographie. Für die Benutzer ist das spannend: Vom eigenen Schreibtisch aus hat man (zumindest per Bildschirm) Zugang zum Weißen Haus in Washington, zum Roten Platz in Moskau, zum Bundeshaus in Bern. Die ganze Welt ist nur noch einen Mausklick weit entfernt.

Mit solchen und ähnlichen Worten wurde das Internet jahrelang beschrieben. Für eine Zeitung birgt diese riesige Freiheit der Benutzer aber ein großes Problem: Egal, wie viele Leser die Zeitung hat, sie ist plötzlich eine ganz kleine Teilnehmerin auf einem ganz großen Marktplatz.

Als die Zeitungsjungen 1904 den Berlinern die ‹B.Z. am Mittag› entgegenstreckten, hatten sie nur eine Zeitung in der Hand: Diese Zeitung oder keine, war die Wahl, vor die die Passanten gestellt wurden. In den Zeitungskiosken standen und stehen eine Handvoll bis maximal ein paar Dutzend verschiedene Zeitungstitel zur Wahl. Hier entscheidet die beste Platzierung, die fetteste Schlagzeile, das stärkste Bild, welche Zeitung der Kunde in die Hand nimmt. Ein geübter Kioskkunde braucht ein paar Sekunden, lässt den Blick zweimal schweifen, hat dann den Überblick über das Angebot und entscheidet sich, welche Zeitung er kaufen will.

Im Internet ist es ganz anders: Da sind über eine Milliarde Websites verfügbar, die um die Aufmerksamkeit der Benutzer buhlen. Im Unterschied zum Zeitungskiosk kann niemand die Übersicht über das Internet haben. Wer im großen Meer des Internets auffallen und zu Aufmerksamkeit kommen will, muss schon eine sehr starke Schlagzeile vorweisen können. Und das nicht nur einmal, sondern ständig, immer wieder, rund um die Uhr. Das Internet ist mit anderen Worten Boulevard total.

Natürlich finden sich im Internet auch viele Seiten, die ohne fette Schlagzeile auskommen, die zurückhaltend darauf warten, gefunden zu werden. Zum Beispiel die Seiten von Universitäten oder von Bibliotheken. Medien aber leben von der unmittelbaren Aufmerksamkeit, denn Nachrichten sind ein höchst verderbliches Gut. Und weil das Internet die Geographie total eliminiert und damit ‹Blick› und ‹Bild›, ‹Stern› und ‹Sun› jederzeit nur einen Mausklick weit entfernt liegen, kommt es im Internet zum totalen Kampf um die Aufmerksamkeit seiner Benutzer.

Die Sache mit der Aufmerksamkeit

In der Medienwelt hat sich in den letzten Jahren etwas ganz grundsätzlich verändert. Diese Veränderung hat damit zu tun, dass die Aufmerksamkeit zum Schlüsselfaktor geworden ist. Natürlich war Aufmerksamkeit immer die Grundvoraussetzung dafür, dass Medien Informationen transportieren, ja überhaupt funktionieren können. Ohne Aufmerksamkeit verpuffen die Inhalte eines Mediums, weil sie nicht wahrgenommen werden. Ohne Aufmerksamkeit wird die Zeitung zur Fliegenklatsche, und der Fernseher verkommt zur Zimmerlampe.

Trotzdem haben die meisten Medien bis vor ein paar Jahren anders funktioniert als heute. Sie sind davon ausgegangen, dass sie die grundsätzliche Aufmerksamkeit ihrer Leser oder Zuschauer bereits haben und diese nicht erst erobern müssen. Die Medien haben auf eine Art Vertrauensbeziehung gebaut, auf jene Grundbeziehung, die zwischen dem Abonnenten und seiner Tageszeitung oder zwischen dem Zuschauer und seinem Fernsehsender bestand. Diese Beziehung zeichnete sich dadurch aus, dass sie konstant war, es bestand eine gewisse gegenseitige Verbundenheit.

Man könnte etwas zynischer auch sagen: Die Stärke der klassischen Tageszeitung liegt nicht im Inhalt, sondern im Vertriebsmodell. Ins Geschäft mit Anzeigenkunden sind die Verlage denn auch weniger des Inhalts ihrer Zeitungen wegen gekommen, sondern weil sie einen zuverlässigen Distributionskanal für Anzeigen anbieten konnten. Ende der 1990er Jahre stellte sich aber heraus, dass das Internet zumindest für Rubrikenanzeigen, also vor allem für Stelleninserate und den Immobilienmarkt, der zuverlässigere Vertriebskanal war. Innerhalb weniger Jahre ist deshalb das Rubrikengeschäft der Zeitungen fast komplett weggebrochen.

Heute gibt es praktisch keine klassischen Rubrikenanzeigen mehr. Sie sind auf Spezialplattformen abgewandert. Die Suche nach einer Wohnung ist über eine Datenbank viel einfacher als per Tageszeitung. Diese Spezialplattformen befinden sich zum Teil immer noch in der Hand der Zeitungsverlage, sie werden aber heute als eigene Firmen geführt und tragen deshalb nichts mehr zur Finanzierung des redaktionellen Teils der Zeitungen bei. Ein gutes Beispiel dafür ist das Zürcher Verlagshaus Tamedia: Aus der Tageszeitung des Hauses, dem ‹Tages-Anzeiger›, sind die Rubrikenanzeigen verschwunden. Tamedia besitzt aber mit ‹Homegate.ch› (Immobilienmarkt), ‹Jobs.ch› (Stellenmarkt), ‹Ricardo.ch› und ‹Tutti.ch› Plattformen, die in ihren Bereichen zu den wichtigsten der Schweiz gehören, deren Erlöse aber in separaten Büchern geführt werden. Sie tragen deshalb höchstens noch indirekt zur Finanzierung von Journalismus bei.

Die klassische Tageszeitung also war für die Inserate vor allem ein zuverlässiger Vertriebskanal. Für die Leserinnen und Leser war die Tageszeitung ein Teil des Tagesrituals. Wenn sie zum Frühstückskaffee die Zeitung aufschlugen, war die Frage: Was serviert mir mein Blatt heute? Es war ein Verhältnis, wie es zwischen einem Gast mit Vollpension und dem Wirt in einem Hotel herrscht. Natürlich gab es ab und an Reklamationen, ein Gast hatte nicht gerne Kohlrabi oder Radieschen, ein anderer wünschte Fisch statt Fleisch oder ein anderes Dessert, manchmal wechselte einer auch das Hotel, grundsätzlich vertrauten die Vollpensionsgäste aber darauf, dass ihnen der Wirt die richtigen Mahlzeiten zum rechten Zeitpunkt serviert. Und der Wirt konnte umgekehrt darauf vertrauen, dass seine Gäste bei ihm essen würden. Entsprechend konnte er frisches Gemüse einkaufen und die Mahlzeiten vorbereiten.

Das ist heute ganz anders: Solche Vertrauensverhältnisse sind rar geworden. Der Gast ist zum Büfett-Hopper geworden, holt sich da ein Schälchen Reis und dort ein Amuse-Bouche, klaubt hier eine Olive von einem Brötchen und da eine Sardelle aus der Schüssel. Er vertraut keinem Wirt mehr, sondern wendet sich dem Stand zu, der gerade die farbigsten Angebote hat oder dessen Inhaber gerade am lautesten ruft. Manche Anbieter sind dazu übergegangen, ihre Häppchen den Gästen sogar hinterherzutragen. Immer mehr Gäste bewegen sich erst gar nicht mehr aus ihrem Liegestuhl. Sie warten stattdessen darauf, dass ihnen einer der Kellner die gebratenen Tauben direkt in den Mund schiebt. Statt Vollpension gilt freie Wahl auf dem großen Naschmarkt.

Übersetzt auf Medien bedeutet das: Ein Medium kann heute nicht mehr davon ausgehen, dass es auf Aufmerksamkeit stößt. Es muss die Aufmerksamkeit seiner Benutzer zuerst erkämpfen – und zwar, das ist das Entscheidende, für jedes Element einzeln! Es genügt nicht, die Konsumenten dazu zu bringen, eine Zeitung zu kaufen oder eine Webseite zu laden. Sie müssen auch von jedem einzelnen Artikel überzeugt werden. Jedes Element einer Zeitung, jede Radiosendung, jeder Internetbeitrag muss sich einzeln ‹verkaufen› und Aufmerksamkeit ergattern – so wie die einzelnen Häppchen eines großen Büfetts. Nur dass dieses Büfett in der Medienwelt unendlich groß ist. Es ist nicht mehr begrenzt auf die lokalen Anbieter, sondern hat dank Internet theoretisch weltweite Größe. Praktisch ist der Markt auf das Sprachgebiet oder, genauer, auf Angebote der eigenen Sprache begrenzt. Die Geographie als Begrenzer fällt weg. In diesem virtuellen Naschmarkt ist nicht mehr die Beziehung zwischen Vollpensionsgast und Wirt die entscheidende Größe, sondern die Aufmerksamkeit: Es gewinnt jenes Angebot, das es schafft, die größte Aufmerksamkeit auf sich zu ziehen.

Was ist Aufmerksamkeit?

Die Aufmerksamkeit also spielt eine zentrale Rolle. Das Wort versteht jeder. Aufmerksamkeit zu definieren, ist jedoch gar nicht so einfach. Schauen wir uns diese Aufmerksamkeit also etwas genauer an. Schülerinnen und Schüler brauchen sie, Autofahrer, Köche, Fluglotsen und Raubtierbändiger ebenso. Intuitiv ist klar, was Aufmerksamkeit meint. Aufmerksamkeit zu definieren, fällt dennoch erstaunlich schwer. Duden definiert ‹aufmerksam› als «sehend, hörend, seine geistige Aufnahmefähigkeit bereitwillig auf etw. richtend».

Der Duden beschreibt damit eine Art geistige Lampe, die ihr Besitzer wissbegierig auf die Welt richtet. Wie diese Lampe funktioniert, steht da natürlich nicht. Der Architekt, Stadtplaner, Softwareentwickler und Universitätsprofessor Georg Franck ist in seinem Buch ‹Die Ökonomie der Aufmerksamkeit› genauer: «Das deutsche Wort Aufmerksamkeit zieht zusammen, was im Englischen als ‹awareness› und ‹attention› auseinandergehalten ist.» Franck unterscheidet also zwei Geisteszustände: Da ist erstens die ‹awareness›, eine Art Stand-by-Zustand des Bewusstseins, ein Zustand der wachen Achtsamkeit, den er einen «intransitiven Zustand des *Da*seins» nennt. Die Lampe ist im Bereitschaftsmodus. Sie beleuchtet nichts, aber wie beim Scheinwerfer an der Hauswand ist eine Art Bewegungssensor aktiviert, der die Lampe jederzeit zum Leuchten bringen kann. Franck nennt diesen Zustand «intransitiv», weil in diesem Zustand der Geist nicht auf etwas gerichtet ist, also die Sinne kein spezifisches Objekt haben, sondern auf generelle Empfangsbereitschaft gestellt sind und die Umwelt wahrnehmen.

Zweitens ist da die ‹attention›, das gezielte Achtgeben. Franck nennt diesen Zustand des Bewusstseins «transitiv», weil das Bewusstsein dabei gezielt einem Gegenstand zugewendet ist – so wie ein transitives Verb, das ein Objekt hat. Während ‹awareness› also eine Art Breitbandaufmerksamkeit ist, eine grundsätzliche Empfangsbereitschaft, ist die ‹attention› fokussiert, zielgerichtet und deshalb auch selektiv. Um auf die Lampe zurückzukommen: ‹awareness› ist wie das Grundlicht auf der Bühne, das dafür sorgt, dass niemand über ein Requisit stolpert, ‹attention› ist der Verfolgerscheinwerfer, der eine einzelne Figur hell ausleuchtet.

‹Awareness› und ‹attention› sind zeitlich hintereinandergeschaltet: ‹Awareness› ist die Voraussetzung, dass es zu ‹attention› kommen kann. Die Pädagogin und Universitätsprofessorin Käte Meyer-Drawe schreibt in ihrem Aufsatz über die Aufmerksamkeit: «Dem Aufmerksamwerden geht stets etwas voraus. Etwas oder jemand fällt auf, stört, unterbricht, bietet einen Anblick, erhebt einen Anspruch.» Dieses Aufmerksamwerden nennt Meyer-Drawe «Aufmerken». Das Aufmerken wäre also das Aufwachen aus dem Stand-by-Zustand, der Übergang von der ‹awareness› zur ‹attention›. Das Aufmerken sorgt dafür, dass der Verfolgerscheinwerfer eingeschaltet wird. Aufmerksamkeit ist die Conditio sine qua non für die Wirkung von Medien. Der Journalist Florian Rötzer bezeichnet die Aufmerksamkeit deshalb in seinem Buch ‹Digitale Weltentwürfe› als «Meta-Medium, das allen anderen Medien erst zu ihrer Wirksamkeit verhilft, das den Austausch zwischen Menschen ermöglicht und in Gang setzt».

Das leuchtet ein: Ohne Aufmerksamkeit bleibt eine Zeitung ein totes Stück Papier, der Fernseher beleuchtet zwar den Raum, wird aber nicht als Medium genutzt, und das Internet lässt sich ohne Aufmerksamkeit gar nicht bedienen. Der Schriftsteller Michael Ende fragte sich in ‹Vierundvierzig Fragen an den geneigten Leser› deshalb: «Was tun die Figuren in einem Buch, wenn es gerade niemand liest?» Eine Frage, die sich, ohne die Aufmerksamkeit auf die Buchstaben zu richten, nicht beantworten lässt.

Basierend auf der Begriffsklärung von Georg Franck müssen wir präzisieren: Ohne ‹attention› bleibt die Zeitung, bleiben Bücher nur Papier. Der Mensch muss zum Leser werden und die Zeitung zum Objekt seiner Sinne machen. Er muss den Suchscheinwerfer einschalten und die Buchstaben im Buch entziffern. Er muss also aus seiner ‹awareness› aufmerken und ‹attentive› werden.

Die Zeitungsjungen im Berlin der 1920er Jahre haben genau das gemacht: Sie haben die Passanten, indem sie Schlagzeilen ausriefen, aus ihrer ‹awareness› aufgeweckt, ihnen das Blatt vor die Nase gehalten und auf diese Weise Aufmerksamkeit erzwungen. Natürlich zogen die Zeitungsjungen die Aufmerksamkeit zunächst auf sich. Die kurzen, gut verständlichen Titel und die sensationsbezogenen Inhalte lenkten die ‹attention› aber rasch auf das Papier. So funktioniert es heute noch – bloß nicht mehr (nur) auf dem Boulevard, sondern auch am Kiosk, in der Zeitung selbst und natürlich und vor allem im Internet.

Kehren wir zur Arbeitsweise der Aufmerksamkeit zurück. Georg Francks Unterscheidung zwischen ‹awareness› und ‹attention› verdient etwas genauere Betrachtung. Franck selbst unterscheidet die beiden Zustände wie folgt:

awareness	**attention**
Zustand der wachen Bewusstheit	Gezieltes Achtgeben
Intransitiver Zustand des Daseins als bewusste Präsenz	Transitives Dasein
Bereitschaft zur Zuwendung, Hintergrundwissen	Informationsselektion und -verarbeitung
Nicht bewusstlos	Nicht achtlos

Etwas salopp könnte man also zwei Geisteszustände unterscheiden: Im Fall der ‹awareness› befindet sich der Geist im Autopilot-Modus, im Fall der ‹attention› hat der Pilot das Steuer übernommen. Der Pilot wäre dabei das bewusste Ich, das gezielt seine Aufmerksamkeit auf einen Gegenstand richtet, sich Zielen und Aufgaben widmet, Handlungen bewusst vollzieht und entsprechend rational handelt. Das ist der Zustand, in dem wir Medien konsumieren, eine Zeitung lesen, konzentriert den Nachrichten im Radio zuhören oder eine Sendung im Fernsehen verfolgen.

Autopilot	**Pilot**
Intuition, Instinkt	Ziele, Aufgaben
Unbewusste Begierden, Ängste, Ablehnungen, Gewohnheiten	Bewusste Handlungen
Grundsätzliche Neugierde	Zielgerichtetes, rationales Handeln
Parallel, breit, schnell autonom, unbewusst unwillkürlich, emotional	Seriell, fokussiert, konzentriert, bewusst willentlich, rational

Wie aber wechselt der Zustand vom Autopiloten in die manuelle Steuerung durch den Piloten? Welche Reize führen zum ‹Aufmerken› (Meyer-Drawe)? Ganz offensichtlich gibt es ein ‹Vorher› im Zustand des Autopiloten und ein ‹Nachher› im Zustand des Piloten. Um herauszufinden, wie Medien den Menschen aus dem Stand-by-Zustand aufwecken können, müssen wir uns den Zustand des Autopiloten etwas genauer ansehen und herausfinden, was den Piloten dazu bringt, einzugreifen. Wenn der Pilot von bewussten Handlungen geprägt ist, dann ist der Autopilot der Zustand des Unbewussten (oder Unterbewussten). Das Flugzeug ‹Mensch› wird gesteuert von Intuition und Instinkt, von Gewohnheiten und Routinen. Innerhalb dieser Automatik sind die Antennen des Menschen aber immer auf Empfang, wie die Ohren einer Katze, wenn sie ein Nickerchen macht. Welche Reize dringen durch den Schlaf der Katze ins Hirn? Welche Reize wecken den Piloten im Menschen?

Die stärksten Steuerungsmechanismen sind, wie bei der Katze, die drei zentralen Elemente, die schon in der Steinzeit das Überleben der Spezies abgesichert haben: Es sind die Dimensionen Überleben, Fortpflanzung und Nachwuchspflege.

Überleben: Wer überleben will, muss Gefahren frühzeitig erkennen, damit er sich zur Flucht oder zum Kampf bereitmachen kann. Diese Dimension ist seit Urzeiten fest in uns verdrahtet. Das ist der Grund, warum wir uns unwillkürlich (eben: ohne es zu wollen) nach einer Bewegung am Rand des Gesichtsfeldes umdrehen – es könnte ja ein Löwe sein, der hinter einem Felsbrocken hervorkommt. Was uns damals, als die Löwen tatsächlich hinter den Felsen lauerten, das Leben zu retten vermochte, macht uns heute aber das Leben schwer: Bewegungen im Gesichtsfeld haben eine extrem hohe Priorität. Wenn in einem Restaurant ein Fußballmatch auf einem Fernsehbildschirm läuft, schauen wir uns unwillkürlich immer wieder danach um, auch wenn uns das Fußballspiel gar nicht interessiert. Werbung, die sich bewegt, zieht unsere Blicke magisch an, auch wenn nur in einem Plakatschaufenster das Plakat automatisch wechselt.

Fortpflanzung: Dieser Aspekt ist hinlänglich bekannt. Eine Spezies kann ihr Überleben nur sichern, wenn der Genpool breit ausgestattet ist und die sich bietenden Möglichkeiten, den eigenen Samen zu verbreiten oder qualitativ hochstehenden Samen einzusammeln, effizient genutzt werden. Auch diese Dimension ist fest verankert in unseren Körpern, selbst wenn die Zivilisation den Fortpflanzungstrieb längst in enge Bahnen gelenkt hat. Das ist der Grund, warum erotische

Bilder nach wie vor funktionieren, warum Männer sich nach Frauen umdrehen und, vermutlich, auch umgekehrt. Auch dieser Drang war einst wesentlich für das Überleben der Art verantwortlich, heute wird er manchmal nur mühsam unterdrückt.

Nachwuchspflege: Natürlich genügt es nicht, selbst zu überleben und sich fortzupflanzen, der Nachwuchs muss ebenfalls fortbestehen, damit die Spezies weiterexistiert. Deshalb ist auch der Niedlichkeitseffekt tief in unseren Genen verankert: Wir reagieren unmittelbar auf Baby-Proportionen wie großer Kopf mit großen Augen, knuffiges Fell und allgemeine Niedlichkeit. Auf diese Weise ist sichergestellt, dass eine Art sich im Zweifelsfall nicht nur um die eigenen Jungen, sondern generell um Junge kümmert. Die tief verwurzelte Zuneigung zum Nachwuchs sorgt nicht nur für eine gute Pflege der eigenen Kinder, sondern auch für höchste Beliebtheit von Jungtieren aller Art, seien es die richtigen Jungtiere im Zoo oder auf Baby getrimmte Plüschtiere im Kaufhaus.

Überleben, Fortpflanzung und Nachwuchspflege sind die drei zentralen Faktoren für das Fortbestehen der Art und sind deshalb nicht bloß einprogrammiert oder antrainiert, sondern quasi in unsere Hardware eingeschrieben: Reaktionen auf Reize, die mit diesen Themen zu tun haben, sind in unseren Körpern fest verschaltet. Entsprechend schlecht lassen sich Reaktionen, die auf Reizen aus diesen Gebieten beruhen, mit dem Verstand kontrollieren, der den Instinkten bekanntlich hoffnungslos hinterherhinkt. Genau dieses Effekts bedient sich die Boulevardpresse seit den Tagen der Zeitungsjungen in Berlin: Überleben, Fortpflanzung und Nachwuchspflege – oder etwas direkter formuliert: Blut, Brüste, Büsi (schweizerdeutsch für ‹Kätzchen›) sind die ‹drei großen B› des Boulevardjournalismus.

Blut: Schlagzeilen über Unfälle, Verbrechen und Gefahren. Besonders gut ziehen Schlagzeilen aus diesem Gebiet, wenn sie die Gefährdung auf den Leser ausdehnen und zum Beispiel suggerieren, dass der gesuchte Mörder bei jedem eindringen, dass die Krankheit jeden treffen könnte. In den letzten Jahren ist eine neue Thematik dazugekommen: Terroranschläge. Ein solcher Anschlag kombiniert alles, was ein gutes Boulevardthema braucht: ein extremes Ereignis, das (auf der Faktenebene) relativ einfach zu vermitteln ist und unterschwellig jeden bedroht.

Brüste: Der Klassiker des Boulevardjournalismus. In dieses Gebiet fallen nicht nur die nackten ‹Seite-3-Girls›, sondern auch Busenblitzer, Fotos turtelnder Prominenter und vorgeblich aufklärende Berichte über Sexualpraktiken. Je nach Positionierung einer Zeitung gilt es dabei, das richtige Maß (oder die richtige Ausrede) zu finden. So zeigt das deutsche Nachrichtenmagazin ‹Der Spiegel› natürlich keine Busenblitzer, nutzt aber gerne im Zusammenhang mit Gesundheitsthemen die Möglichkeit, nackte Körper zu zeigen. Zudem finden sich auf der ‹Panorama›-Seite über prominente Menschen zufälligerweise häufig junge, spärlich bekleidete Frauen aus dem Showbusiness …

Büsi: Wer ohne viel Aufwand Quote machen will, zeigt junge Tiere, seien es die neugeborenen Löwen im Zoo, ein Agenturbild von frisch geschlüpften Pinguinen in der Antarktis oder zur Not ein paar junge Katzen vom nächsten Bauernhof. Im Internet ist hier das Katzenvideo dazugekommen: Es gibt wohl keine Inhaltskategorie, die in allen Bevölkerungsschichten so viele Klicks erzielt wie Filmchen über eine spielende Katze. Das amerikanische Internetportal ‹Buzzfeed› ist mit solchen Filmchen groß geworden: 2006 gründete Jonah Peretti, ein Absolvent des Massachusetts Institute of Technology MIT, sein Unternehmen als Aggregator von Tiervideos, im Wesentlichen von Katzenfilmchen. Die Tiervideos führten zu großem Besuchererfolg. Mittlerweile ist ‹Buzzfeed› eine Mischung aus Katzenvideos und seriösem Journalismus. In der Schweiz bedient sich das Nachrichtenportal ‹watson.ch› dieses Prinzips.

Die klassischen ‹drei B› des Boulevardjournalismus haben sich also verbreitet, weil sie direkt die fest verdrahteten Ur-Aufmerksamkeiten des Menschen ansprechen. Natürlich gibt es darüber hinaus wesentliche Merkmale und Mechanismen von Boulevardmedien, die sich ebenfalls als Techniken der Aufmerksamkeitsgewinnung verstehen lassen. Der Kommunikationswissenschaftler Peter A. Bruck und der Sprach- und Literaturwissenschaftler Günther Stocker nennen in ihrer Untersuchung von Boulevardzeitungen, ‹Die ganz normale Vielfältigkeit des Lesens›, folgende Aspekte:

Familiarisierung: Umgangssprachliche Wendungen, das Verwenden von Spitznamen statt der richtigen Namen und das Fokussieren auf (bekannte und unbekannte) Menschen und ihre Schicksale und Erlebnisse schaffen Nähe zwischen dem Thema und dem Medienkonsumenten. Das Prinzip: Nähe schafft Aufmerksamkeit.

Simplifizierung: Reduzieren der Komplexität eines Themas, unter anderem durch Personifizierung, Einpassen in übersichtliche Weltbilder und moralische Bewertung der Handlungen der Personen durch das Medium. Die Welt ist eingeteilt in einfache Gegensätze wie ‹gut› und ‹böse›, ‹links› und ‹rechts›. Das Prinzip: Kontraste schaffen Aufmerksamkeit.

Personalisierung: Wirtschaftliche und politische Probleme werden auf ihre Protagonisten reduziert und so überschaubar. So hat nicht mehr Deutschland ein kompliziertes Problem mit der Türkei, sondern Merkel hat Sorgen wegen Erdoğan, und die Credit Suisse kämpft nicht mit Renditeproblemen, sondern Tidjane Thiam muss sich etwas einfallen lassen. Das Prinzip: Menschen schaffen Aufmerksamkeit.

Melodramatisierung: Ein Thema wird nicht sachlich dargestellt, sondern als Melodram, als Schicksal von Menschen erzählt. Damit wird das Thema dramatisiert. Der Leser/Zuschauer wird abwechslungsweise als Voyeur und als Theaterbesucher angesprochen. Das Prinzip: Drama schafft Aufmerksamkeit.

Visualisierung: Komplexe Themen werden in Bildern oder einfachen Grafiken erzählt. Bilder und eine bildhafte Sprache sollen beim Zuschauer/Leser ‹Schauer und Entsetzen› auslösen. Die Bilder werden nach ihrem Schock-Gehalt ausgewählt, oft handelt es sich nicht um Abbildungen der behandelten Sache, sondern nur um Themenbilder. Das Prinzip: Gefahr und Gefühle schaffen Aufmerksamkeit.

Spektakularisierung: Geschichten werden im Präsens so erzählt, dass der Leser den Eindruck eines Live-Berichts erhält. Bruck/Stocker nennen als radikalste Form der Spektakularisierung die ‹Eyewitness-News› im US-amerikanischen Fernsehen, wo TV-Kameras live von Verhaftungen, Verfolgungsjagden oder Geiselnahmen berichten. Zum Zeitpunkt der Niederschrift des Buches war dies die einzige Form der Live-Berichterstattung. Mittlerweile hat das Internet das klassische Fernsehen verdrängt: Live-Blogs, Live-Streams und soziale Medien ermöglichen dem Benutzer, Ereignisse tatsächlich live zu verfolgen und zum Teil sogar an Inhalten der Akteure zu partizipieren. Das Prinzip: Teilnahme schafft Betroffenheit – und Betroffenheit schafft Aufmerksamkeit.

Sensationalisierung: Bruck/Stocker nennen dies die auffälligste Eigenschaft des Boulevards. Große, fett gedruckte Titel mit permanenten Übertreibungen und Konstruktion von Krisen. Das Prinzip: Dringlichkeit schafft Aufmerksamkeit.

Dem anzufügen wäre vielleicht noch die **Repetition** oder **Serialisierung.** Ein Thema wird immer wieder groß gefahren, eine Geschichte nicht als Ganzes und in allen Aspekten erzählt, sondern aufgeteilt in einzelne Häppchen, die hintereinander geschaltet den Eindruck einer sich ständig weiterentwickelnden Story ergeben. Ein Teil einer solchen Serie ist von Anfang an geplant, ein Teil ergibt sich, wenn Betroffene widersprechen, sich wehren, eigene Standpunkte einbringen. Die Journalisten überlegen sich jeden Tag, wie sie der Story einen weiteren Dreh, einen ‹Spin›, geben können, und halten auf diese Weise die Aufmerksamkeit am Köcheln. Der legendäre ‹Blick›-Chefredaktor Peter Uebersax erzählt in seiner Autobiografie ‹Blick zurück› von der längsten ‹Blick›-Serie seiner Zeit: «Als Pirmin Zurbriggen kurz vor der Skiweltmeisterschaft 1984 sein Knie verletzte und die ganze Schweiz sich fragte, ob er wohl rechtzeitig genese, zierte das ‹Knie der Nation› zwölf Tage hintereinander die Frontseite des ‹Blick›. Noch nie hat ein lädierter Meniskus so viele Zeitungen verkauft wie damals, jeden Tag mehr.»

Die Tricks der Medien

Emotionalisieren, skandalisieren, personalisieren – das ist das klassische Repertoire der Boulevardmedien, um Aufmerksamkeit zu generieren. Dazu kommt simples Handwerk, das vor allem online stark genutzt wird. Die Rede ist dabei nicht vom journalistischen Handwerk, also davon, eine Geschichte so zu erzählen, dass sie die Leser packt, sondern von Tricks, wie ein (praktisch beliebiger) Inhalt zum Quotenfeger gemacht werden kann.

Dieselbe Nachricht kann nämlich nüchtern-sachlich formuliert werden und wenig auslösen – oder sie kann so geschrieben sein, dass der Leser unbedingt weiterlesen will, der Benutzer also mit hoher Wahrscheinlichkeit klickt. Im Internet werden diese Techniken in ihrer Extremform als ‹Clickbaiting› bezeichnet – also ‹Klickköder›. Man könnte auch von ‹Online-Bauernfängerei› sprechen. Gemeint ist damit die Art und Weise, eine Schlagzeile so zu formulieren, dass der Leser fast nicht anders kann, als zu klicken – und damit auf die Schlagzeile hereinzufallen.

Im einfachsten Fall verschweigt die Schlagzeile einen Teil der Information und zwingt auf diese Weise zum Klicken oder Weiterlesen. Etwa so: ‹Was der Bundesrat plant, wird Sie nicht freuen›. Wer wissen will, was der Bundesrat plant, muss klicken oder weiterlesen. Das Prinzip ist immer ähnlich: Der Leser wird mit einer Teilinformation ‹angefixt›, das Wesentliche wird aber offengelassen. Ein gutes Beispiel ist dieser Titel auf einer Nachrichtenwebsite: «Vier offene Fragen zum Rücktritt Mike Flynns – die dritte könnte Trumps Ende bedeuten». Wer sich auch nur halbwegs für das Thema interessiert, muss klicken. ‹Clickbaiting› funktioniert in diesem Fall wie ein Cliffhanger in einem Roman oder einer TV-Serie.

Als Urheber dieser Art des Buhlens um Klicks gelten die amerikanischen Portale ‹Buzzfeed› und ‹Upworthy›. ‹Buzzfeed› hat als erste Nachrichtenwebsite damit begonnen, ein weiteres Element einzusetzen, das garantiert für Aufmerksamkeit (und damit für Klicks) sorgt: Artikel, die aus Listen bestehen. Auf Englisch ist aus dem Zusammenzug von ‹list› und ‹article› das Kunstwort ‹Listicle› entstanden. Ein ‹Listicle› kann von allem handeln: Zehn Katzenbilder, die Sie zum Schreien bringen. Fünf Yoga-Stellungen, die Sie noch nie gesehen haben. Und, besonders beliebt, die Rangliste: Die 50 besten Frauenfilme. Die 20 meistunterschätzten Popsongs. Die 10 schönsten Bundesliga-Tore – das achte ist der Hammer. Solche Listen werden nicht einfach als Liste, also etwa als Text mit Aufzählungszeichen veröffentlicht. Der Benutzer muss sich meistens durch eine Bildergalerie klicken. Nach jedem dritten oder vierten Bild folgt eine Werbeanzeige. Auf diese Weise sorgt der Anbieter dafür, dass er auf einer einzigen Seite mehrere Anzeigen mit guter Platzierung verkaufen kann. Weil der Benutzer sich durch die Rangliste klicken muss, generiert die Website zudem viele Klicks – also Beweise dafür, dass die Website angeschaut und genutzt wird.

Wie viele Klicks ein Artikel generiert, hängt also nicht einfach von seinem Inhalt ab, sondern vor allem von seinem Titel. Weil die Klicks so wichtig sind, wird das Formulieren des Titels nicht mehr bloß dem Geschmack der Redakteure überlassen. In den Redaktionssystemen der großen Onlineportale lassen sich mehrere Titel hinterlegen. Das System testet die Varianten vollautomatisch aus und wählt den Titel definitiv aus, der in den ersten Minuten am meisten angeklickt wurde. Nüchtern, emotionslos, nur auf Klicks bedacht. Klicks sind alles, nur die Aufmerksamkeit zählt.

Boulevardmedien machen Stimmung

Manchmal geht es ganz schnell: In der Silvesternacht 2015/2016 kam es am Kölner Hauptbahnhof zu zahlreichen sexuellen Übergriffen auf Frauen durch Gruppen junger Männer vornehmlich aus dem nordafrikanischen und arabischen Raum. Danach kippte die Stimmung in Deutschland. Statt auf Hilfsbereitschaft und offene Arme stießen die Flüchtlinge immer häufiger auf Misstrauen und Ablehnung.

Bei einem einzelnen Menschen ist der Wechsel einer Stimmung nachvollziehbar: Die Gefühlslage kippt, das Grundgefühl verändert sich. Vielleicht sind es die Hormone, vielleicht mangelnder Schlaf – das Grundgefühl eines Menschen kann sich ändern. Der deutsche Soziologe Heinz Bude sagt: «Nicht nur einzelne Menschen haben eine Stimmung, sondern auch Gesellschaften.» In seinem Buch ‹Das Gefühl der Welt: Über die Macht von Stimmungen› schreibt er, dass dabei die Medien eine zentrale Rolle spielen. Denn diese würden die Räume der Stimmung erzeugen, «die durch einen gleichmäßigen Strom von relevanten Informationen und gemeinsamen Erregungen aufrechterhalten werden und das Erleben von Gesellschaft intensivieren». Bude unterscheidet dabei zwischen den traditionellen Medien, also zum Beispiel den abonnierten Tageszeitungen, und den Boulevardmedien, zum Beispiel den großen Kaufzeitungen.

Zu sagen, dass diese Boulevardmedien Stimmungsmacher sind, wäre zu einfach. Sie sind ebenso Ausdruck der Stimmung einer Gruppe. Wesentlicher als ihr Inhalt ist die direkte, emotionale Art ihrer Ansprache: Sie sind affektiv.

Die Boulevardmedien (und die klickorientierten Internetmedien) verbreiten ihre Stimmung nicht durch die Inhalte, über die sie berichten, sondern durch die Art und Weise, wie sie diese Inhalte vermitteln. Heinz Bude schreibt: «Die von den journalistischen Online-Anbietern produzierte Stimmung geht daher weniger von den mitgeteilten Inhalten und den darin enthaltenen Beziehungsbotschaften aus als von der Methode der direkten affektiven Publikumsansprache.»

Dabei entstehe ein Gefühl der «Disjunktion», also der Aufspaltung der Gesellschaft in ein offizielles und seriöses Publikum, das in den traditionellen Medien aufgehoben ist, und ein inoffizielles und populäres Publikum, «das nicht auf die Deutungsangebote aus den Medien wartet, sondern das Medium selbst in die Hand nimmt». Es kommt also zu einem Wir-Gefühl unter Menschen, die sich in Opposition zur etablierten Gesellschaft sehen, zur ‹Lügenpresse› und zur ‹Classe Politique›.

Wenn Bude recht hat, dann wäre die zu beobachtende ‹Disjunktion› in der Politik, also das Auseinanderbrechen traditioneller Parteien und Gruppen, eine direkte Folge der Boulevardisierung der Medien – und damit eine Folge der immer stärkeren Ausrichtung der Medien auf den Aufmerksamkeitsmarkt. Anders gesagt: Indem die Medien in die Aufmerksamkeitsfalle tappen, spalten sie die Gesellschaft.

Viel Aufmerksamkeit für ‹Fake News›

Die Nachrichten verbreiteten sich im amerikanischen Internet wie ein Lauffeuer: Papst Franziskus unterstützt Donald Trump! Hillary Clinton hat den ISIS-Terroristen Waffen verkauft! Der FBI-Agent, der den E-Mail-Skandal von Hillary Clinton untersuchte, ist tot aufgefunden worden! Vor allem auf Facebook wurden die Nachrichten viele Hunderttausend Mal geteilt. Experten sagen heute: Solche Nachrichten haben die Wahl zumindest mitentschieden. Bloß: Die Nachrichten sind falsch.

‹Fake News› nennen die Amerikaner solche Nachrichten. Das Problem dabei: Die gefälschten Nachrichten verbreiten sich im Internet schneller als die echten News. Laut einer Studie von ‹Buzzfeed› sind die 20 am meisten geteilten falschen Nachrichten deutlich häufiger geteilt worden als die 20 am meisten geteilten realen Nachrichten. Das hat wohl zu einer Verfälschung des Wahlresultats geführt, denn von 20 ‹Fake News› haben 17 Nachrichten Donald Trump genützt.

‹Fake News› gibt es auch in Europa, und auch hierzulande werden sie oft von rechts außen gestreut. Etwa die Nachrichten, dass Flüchtlinge in Deutschland 16 Euro pro Mahlzeit erhalten, deutsche Sozialhilfeempfänger aber nur 4,72 Euro. Komplett falsch und völlig verdreht, wie der österreichische Informationsdienst ‹Mimikama› aufzeigte. Die Organisation informiert seit 2011 Internetnutzer über Falschmeldungen und Betrug im Internet.

Oder die Geschichte über Flüchtlinge, die mit Geld von der Caritas teure Gratis-Handys erhalten. Ein Augenzeuge habe beobachtet, wie Schwarzafrikaner im Swisscom-Shop im Globus Luzern die teuersten iPhones kauften – die Caritas habe bezahlt. Die Geschichte machte im Web die Runde und wurde heftig kommentiert und stark weiterverbreitet – bis die Caritas reagierte und klarstellte: «Diese Geschichte ist schon älter, geistert immer wieder im Internet herum und schafft es sogar über die Grenzen hinaus.» Abgesehen davon, dass es seit Jahren keinen Swisscom-Shop mehr im Luzerner Globus gebe: «Wir zahlen keine Handys. Ein/e Asylsuchende/r im Zentrum für Asylsuchende erhält 11.40 Franken pro Tag für alle Ausgaben.»

Eine der bekanntesten Schweizer ‹Fake News› stammt von alt SVP-Nationalrat Christoph Mörgeli: Er behauptete in der ‹Weltwoche› von Parteikollege Roger Köppel, dass in Zollikon am Zürichsee alte und pflegebedürftige Menschen aus einem Heim geworfen würden, damit 120 Asylbewerber einquartiert werden könnten. Obwohl die Geschichte kreuzfalsch ist – es handelt sich um ein baufälliges, ehemaliges Altersheim, das möglicherweise zwischengenutzt werden sollte, weil dessen Bewohner in einen Neubau gezogen waren –, hielt sie sich im Internet standhaft.

Warum sind ‹Fake News› so erfolgreich? Warum glauben die Menschen derartigen Humbug wie eine Nachricht, dass Barack Obama heimlich ein radikaler Muslim sei? Warum glauben sie Websites wie ‹Donald Trump News› oder ‹Breitbart›, verunglimpfen aber etablierte Medien als ‹Lügenpresse›? Die Antwort ist vermutlich ganz einfach: Sie glauben den gefälschten Nachrichten, weil sie ihnen glauben wollen. Oder anders gesagt: Es gibt keine glaubwürdigen Medien mehr, sondern nur noch glaubwürdige Meinungen. Und glaubwürdig sind Meinungen genau dann, wenn sie der eigenen Meinung (oder den eigenen Befürchtungen) entsprechen.

Die Folge: Im Weltbild der Menschen richtet sich nicht mehr das Bild nach der Welt, sondern die Welt nach dem Bild. Die Menschen basteln sich immer häufiger jene ‹Realität›, die genau zur eigenen Meinung passt. Das Vorurteil ersetzt das Urteil. ‹Perception is reality› – die Wahrnehmung ersetzt die Realität.

Gefälschte Nachrichten gab es schon immer, sei es in Form von Leserbriefen oder von professioneller Desinformation.

Noch nie konnten Lügenbarone aber ihre Falschmeldungen so ungebremst verbreiten – und noch nie lohnte es sich für sie so direkt. Eine kanadische ‹Fake News›-Website, die von zwei Jugendlichen betrieben wird, verdiente mit Meldungen über den jungen kanadischen Premier Justin Trudeau in einem Monat mit Werbeschaltungen auf ihrer Seite über 10 000 kanadische Dollar. Ganz schön viel Geld für zwei Jugendliche. Die Nachricht über den FBI-Agenten, der angeblich die E-Mails von Hillary Clinton untersuchte und dann tot aufgefunden wurde, war von Jestin Coler erfunden worden. Er ist Besitzer der Firma ‹Disinfomedia.inc›, die sich ganz auf das Erfinden von Nachrichten spezialisiert hat. Die Firma erzielt mit solchen empörenden Nachrichten Werbeeinnahmen in der Höhe von mehreren Tausend Dollar – pro Tag!

Möglich ist das, weil sich die Nachrichtenfälschungen per Facebook in Windeseile verbreiten. Viele Politiker fordern deshalb, dass Facebook gefälschte Nachrichten vom Netz nehmen soll. Technisch ist das ohne weiteres möglich. Facebook sieht sich in China mit genau dieser Anforderung konfrontiert. China verlangt von den sozialen Netzwerken, dass sie die Welt so zurechtfiltern, wie die Politführung in China sie haben will.

Nur: Wer würde im Westen die Nachrichten sortieren in erlaubte richtige und verbotene falsche? Und wie soll das gehen? Dass der Papst Donald Trump nicht unterstützt, lässt sich (vielleicht) noch relativ rasch verifizieren. Abstrakt gesagt: Wir können uns über den Wahrheitsgehalt dieser Nachricht verständigen. Aber was ist mit Nachrichten über Sachverhalte, deren Wahrheitsgehalt bestritten wird?

Zum Beispiel die Klimaerwärmung, die von rechten Politikern negiert wird. Donald Trump hat im Wahlkampf gesagt, die Klimaerwärmung sei eine Erfindung der Chinesen, um die USA lahmzulegen. Eine Nachricht über die Klimaerwärmung ist also aus Sicht der Linken richtig, aus Sicht der Rechten falsch. Ähnlich erginge es Nachrichten, die von der Evolution handeln, die von Kreationisten (wie dem amerikanischen Vizepräsidenten Mike Pence) abgelehnt wird. Was bedeutet das für Facebook?

Umgekehrt würde wohl eine Nachricht über Gentechnologie, etwa über die Unbedenklichkeit von gentechnisch veränderten Pflanzen als Nahrungsmittel für Menschen, von der politischen Linken angezweifelt und als Propaganda der Nahrungsmittelindustrie gebrandmarkt. Wie könnte also ein Wahrheitsfilter für das Internet aussehen?

Konkrete Erfahrungen gibt es im Internet mit Filtern, die Pornografie ausmerzen sollen. Das ist auf den ersten Blick einfach, weil die Filter sich auf ein kleines Set an Wörtern (Penis, Vagina etc.) und eine eng umrissene Bildwelt beschränken können. In der Praxis ist es aber erstaunlich schwierig, dafür zu sorgen, dass Websites, die über Geschlechtskrankheiten aufklären oder vor der weiblichen Beschneidung warnen, nicht ausgefiltert werden, und Computer haben erstaunlich viel Mühe, eine Sanddüne von einer nackten Frau zu unterscheiden. Ganz zu schweigen von der Unterscheidung von Kunst und Porno im Zeitalter von ‹Porno-Chic›.

Das bedeutet, dass der Extremfall, also ein harter Porno oder eine klar gefälschte Nachricht, oft einfach auszumachen ist. Aber es kann sehr schwierig sein, die Grenze zu ziehen. Wie weit geht die Meinungsfreiheit? Deckt sie auch falsche Nachrichten ab? Viele der Websites, die gefälschte Nachrichten produzieren, bezeichnen sich als Satire-Websites. In der Tat arbeiten echte Satire-Websites mit ähnlichen Mitteln, in Deutschland etwa der ‹Postillon›, in der Schweiz der ‹Basler Bote›. Die satirische ‹Heute Show› im ZDF ist nichts anderes als eine Art satirische Nachrichtensendung, und auch ‹Giacobbo/Müller› im Schweizer Fernsehen erinnerte an ein Nachrichtenmagazin. Was, wenn die Satire unerwünschte Wirkungen hat? Wird sie dann ausgefiltert?

Verkompliziert wird die Diskussion über gefälschte Nachrichten, weil der Begriff ‹Fake News› mittlerweile auch für ganz anderes, quasi ins Gegenteil verkehrt verwendet wird: An seiner ersten Pressekonferenz als Präsident weigerte sich US-Präsident Donald Trump, eine Frage eines CNN-Reporters zu beantworten. «You are fake news», erklärte er – «Ihr seid ‹Fake News›.» Seither fällt er immer wieder über die linksliberalen Medien her, vor allem über die ‹New York Times› und die ‹Washington Post› sowie über die Fernsehsender CNN, ABC und CBS. Er bezeichnet sie alle als ‹Fake News›. Donald Trump nutzt ‹Fake News› also mittlerweile selbst als Kampfbegriff, vergleichbar mit dem Wort ‹Lügenpresse› im deutschsprachigen Raum.

Wer Trump darin folgt, macht zwei Fehler: Er verwechselt falsch und gefälscht sowie unzutreffend und unerwünscht. Nicht jede falsche Nachricht ist eine ‹Fake News›. Eine falsche Wetterprognose zum Beispiel ist keine ‹Fake News›. Wenn Donald Trump und seine Supporter im Wahlkampf meldeten, Barack Obama sei kein Amerikaner, sondern in Kenia geboren, dann war das eine gefälschte Nachricht (und damit eine ‹Fake News›), weil längst bewiesen war, dass Obama auf Hawaii geboren wurde, und Trump selbst das genau wusste. Er hatte die Nachricht wider besseres Wissen verbreitet. Es war also Desinformation mit politischen Zielen.

Umgekehrt macht es eine Nachricht noch nicht zu ‹Fake News›, wenn sie unerwünscht ist. Donald Trump mag sich über die Berichterstattung von CNN ärgern – ein ‹Fake› ist sie nicht (jedenfalls meistens nicht). Trump ärgert sich bloß darüber, weil CNN aus seiner Sicht unerwünschte Nachrichten verbreitet.

Das ist das begrifflich Paradoxe daran: Gefälschte Nachrichten verbreiten sich dann besonders rasch, wenn sie sehr erwünscht sind, wenn sie also zum Beispiel genau das über

Flüchtlinge melden, was AfD-Wähler befürchten. Erfolgreich sind ‹Fake News› also dann, wenn sie (unabhängig von ihrem Wahrheitsgehalt) erwünscht sind. Umgekehrt bezeichnet Donald Trump Nachrichten dann als ‹Fake News›, wenn sie aus seiner Sicht besonders unerwünscht sind.

Und wie findet man heraus, ob eine Nachricht ein ‹Fake› ist? Indem Sie mit Google nach Bestandteilen der Nachricht suchen. Geben Sie einfach die wichtigsten Angaben ins Suchfeld ein, also zum Beispiel «Flüchtling 16 Euro pro Mahlzeit» oder «Obama Kenia Geburtsurkunde», dann finden Sie meistens Hinweise darauf, wie es um den Wahrheitsgehalt der Nachricht bestellt ist. Viele ‹Fake News› drehen lange im Internet und tauchen immer wieder auf, deshalb finden sich auch rasch Hinweise auf deren Wahrheitsgehalt.

Sie können mit Google übrigens nicht nur nach Text suchen, sondern auch nach Bildern. Wenn Sie mit Google nach einem Begriff suchen, erhalten Sie ein Suchresultat. Zuoberst auf dieser Seite, zwischen den eigentlichen Resultaten und dem Suchfeld, können Sie in der Leiste anklicken, wo Google nach dem Begriff suchen soll. Da steht ‹Alle / Bilder / Maps / News / Videos / Mehr›. Klicken Sie auf ‹Bilder›, dann landen Sie auf der Seite für die Suche nach Bildern. Jetzt können Sie mit der Maus ein beliebiges Bild in das Suchfeld oben ziehen. Das Bild kann auf Ihrem Computer gespeichert sein, Sie können aber auch ein Bild auf einer Webseite anklicken und hierherziehen. Das Interessante an der Suche: Es ist völlig egal, wie das Bild angeschrieben ist oder wie die Datei heißt. Google sucht nämlich nach optisch ähnlichen Bildern. Auf diese Weise finden Sie sofort heraus, dass das Bild von der vermeintlichen Flaggenverbrennung in England schon drei Jahre alt ist und in Syrien aufgenommen wurde. Oder dass es sich vermutlich um eine Fotomontage handelt. Fälschungen lassen sich auf diese Weise relativ rasch enttarnen.

Es gibt aber viele Fälle, in denen diese Suche nach Bestandteilen oder Bildern nicht hilft. Man findet auf diese Weise nicht heraus, ob die Kreationisten oder die Evolutionsbiologen recht haben. Ob die Klimaerwärmung stattfindet oder nicht. Was es mit den angeblichen Geheimdienstkontakten von Donald Trump in Russland auf sich hat.

Wenn eine Nachricht umstritten ist, machen seriöse Medien darauf aufmerksam. Zeigen unterschiedliche Positionen auf oder diskutieren die Indizien. Boulevardmedien machen das nicht, denn ein relativierendes ‹möglicherweise› ruiniert jede Schlagzeile.

Das ist der innere Zusammenhang zwischen der Debatte rund um ‹Fake News› und der Aufmerksamkeitsfalle, in der die Medien stecken: Um glaubwürdig zu bleiben, müssten Medien relativieren – um Aufmerksamkeit zu holen, müssen sie verabsolutieren. Das Problem dabei: Aufmerksamkeit zahlt sich sofort aus, eine Investition in die Glaubwürdigkeit zahlt sich erst mit der Zeit aus. Immer mehr seriöse Medien entscheiden sich deshalb für die Aufmerksamkeit und lassen es an der Relativierung fehlen. Das macht sie angreifbar, schadet ihrer Glaubwürdigkeit – und macht sie vielleicht auf Dauer tatsächlich zur ‹Lügenpresse›.

Einschub: Die Sache mit der Filterblase

Eigentlich wäre das Internet prädestiniert dafür, jede ‹Fake News› sofort als falsch zu entlarven. Schließlich wären im Internet die richtigen Informationen verfügbar. Es wäre ein Leichtes, Falschnachrichten auf die Spur zu kommen. Leider findet im Internet das genaue Gegenteil statt. Gerade das Internet wird zur großen ‹Fake-News-Schleuder›. Der Grund ist die sogenannte ‹Filterblase›. Auch die Filterblase hat letztlich mit der Bewirtschaftung von Aufmerksamkeit zu tun.

Öffnen Sie einmal einen Webbrowser, starten Sie Google und suchen Sie nach etwas. Zum Beispiel nach ‹Ägypten› oder ‹Meer›. Nachdem Sie die Eingabetaste gedrückt haben, zeigt Ihnen Google die Suchresultate. Die Seite, die Sie jetzt sehen, stellt Google speziell für Sie zusammen. Es gab die Seite nicht, bevor Sie Google benutzt haben, und es gibt sie nicht mehr, nachdem Sie sie verlassen haben. Google generiert diese Seite ganz allein für Sie.

Auch wenn Sie sich nicht bei Google einloggen, erhebt Google dafür Dutzende Merkmale über Ihren Webbrowser: Ort, Sprache, Browser, Computertyp, Zeit, Schreibgeschwindigkeit, Browserhistory und viele mehr. Auf der Basis dieser Angaben (oder, wenn Sie sich bei Google einloggen, auf der Basis all Ihrer Suchanfragen) stellt Google Ihnen eine Seite zusammen. Auf dieser Seite sind die Ergebnisse für jeden Benutzer etwas anders sortiert. Das Problem ist das Kriterium, das Google dabei verwendet: die ‹Relevanz›.

Jetzt sagen Sie vielleicht: Relevanz heißt Wichtigkeit, das ist doch super. Google sortiert mir die Ergebnisse nach ihrer Wichtigkeit. Schon. Bloß sortiert Google die Ergebnisse nicht nach ihrer Wichtigkeit, sondern nach der Wichtigkeit für Sie: Google versteht unter Wichtigkeit nämlich nicht die Bedeutung eines Ergebnisses für die Welt, sondern die Wahrscheinlichkeit, dass Sie auf ein Ergebnis klicken – also die Bedeutung, die ein Ergebnis für Sie hat.

Wenn Sie eine Weile nach Ferien in der Türkei gesucht haben, werden Sie, wenn Sie nach ‹Ägypten› suchen, auf Ihren Resultatseiten vor allem Ferienangebote finden. Wenn Sie sich mit den Muslimbrüdern, mit dem Regime von Abd al-Fattah as-Sisi oder mit Foltervorwürfen beschäftigt haben, werden Sie ganz andere Suchresultate sehen. Das heißt auch: Wenn Sie sich für Ferien interessieren, werden sie mit der Zeit die politische Seite von Ägypten nicht mehr zu Gesicht bekommen. Genau das ist das Problem: Google stellt die Suchresultate so zusammen, dass Sie nur noch jene Welt sehen, die Sie suchen.

Als Erster hat der amerikanische Autor Eli Pariser dieses Phänomen untersucht und in einem viel beachteten Vortrag kritisiert. ‹Filter Bubble› nennt Pariser diese von Algorithmen nach den Vorlieben der Benutzer zurechtgefilterte Welt, also ‹Filterblase›. Sie kommt überall dort zum Tragen, wo Computerprogramme Resultate so auswählen, dass die Klickrate steigt, dass also die Wahrscheinlichkeit zunimmt, dass ein Benutzer auf ein Resultat klickt. Und das heißt mit anderen Worten: überall da, wo es darum geht, Ihre Aufmerksamkeit zu bekommen. Nach diesem Prinzip funktioniert nicht nur Google, sondern vor allem auch Facebook: Die Plattform wählt für ihre Benutzer die Nachrichten so aus, dass sie eine möglichst ‹relevante› Auswahl sehen – und das bedeutet auch hier: dass die Wahrscheinlichkeit möglichst hoch ist, dass der Benutzer der Nachricht seine Aufmerksamkeit widmet und sie anklickt.

In einem politisch scharf in Republikaner und Demokraten geteilten Land wie den USA hat dieses Prinzip verheerende Folgen: Linksliberale sehen nur noch linksliberale Nachrichten, Konservative nur noch konservative. Das ‹Wall Street Journal› hat eine Seite aufgeschaltet, auf der diese beiden Feeds zu sehen sind: links der liberale Feed, rechts der konservative.

Die beiden Nachrichtenstränge spiegeln zwei völlig verschiedene Welten. Links wird Trump kritisiert, rechts gefeiert. Links kommt Bernie Sanders zu Wort, rechts Sarah Palin. Rechts wird General James Mattis als neuer Verteidigungsminister gefeiert, links ist die Rede von General James Mattis als einem Kandidaten für das Verteidigungsministerium, für den der Kongress ein Gesetz außer Kraft setzen muss, das Militärangehörige erst sieben Jahre nach Verlassen des Dienstes als Kandidaten zulässt.

Jetzt könnte man einwenden, dass wir alle immer schon in unserer eigenen Blase gelebt haben. Die Welt eines Professors unterscheidet sich erheblich von der Welt eines Lastwagenfahrers, eine Managerin lebt in einer komplett anderen Welt als eine Winzerin. Und: Journalisten leben meistens anders als ihre Leserinnen und Leser. Man könnte auch auf die Philosophie zurückgreifen, auf den radikalen Konstruktivismus, und sagen: Es gibt keine Realität an sich, es gibt nur wahrgenommene Realität. Und die Wahrnehmung ist von Mensch zu Mensch ganz unterschiedlich.

Das stimmt. Ein gutes Beispiel dafür ist eine ganz normale Weltkarte. Wir sind gewohnt, dass der Norden auf der Weltkarte oben ist und der Süden unten und dass die Welt auf der Weltkarte so ausgerichtet ist, dass Mitteleuropa mit der Schweiz und Deutschland oben und fast genau in der Mitte liegt, weil der Nullmeridian durch Greenwich verläuft. Das heißt auch: Afrika, Südamerika und Australien sind unten. Wie würden wir die Welt wahrnehmen, wenn der Süden oben wäre? Der Australier Stuart McArthur hat sich an den normalen Weltkarten so gestört, dass er eine gesüdete Weltkarte kreiert hat, auf der der Nullmeridian nicht durch Greenwich, sondern durch Canberra verläuft. Auf diese Weise liegt Australien oben und genau in der Mitte der Welt. Das kommt uns sehr fremd vor – unter anderem, weil es Europa stark relativiert.

Auch in der realen Welt leben wir also in einer Blase. Was ist also schlimm daran, wenn Google, Facebook und Co. auch für Blasenbildung sorgen? Es sind drei Gründe:

1) Google und Facebook fragen Sie nicht. Die Onlineangebote wenden einen geheimen Algorithmus an. Sie wissen letztlich nicht, warum sie online sehen, was sie sehen.
2) Es gibt keine Möglichkeit, auf Google oder Facebook dem Filter zu entgehen. Ziel der Seiten ist es, uns möglichst gut zu gefallen – und das machen sie, indem sie uns möglichst viele Dinge zeigen, an denen wir Gefallen finden.
3) Weil immer mehr Onlineangebote auf ähnliche Regeln zurückgreifen wie Google und Facebook, wird es immer schwieriger, die Filterblase aufzustechen.

In den klassischen Medien war das anders. Wenn Sie durch eine Zeitung blättern oder durch die Fernsehprogramme zappen, stoßen Sie unweigerlich auf Inhalte, die Sie eigentlich nicht interessieren, die Sie aber vielleicht dann doch konsumieren. Im Fachjargon heißt dieser Effekt ‹Serendipity›, auf Deutsch am einfachsten übersetzt mit ‹über die Ränder lesen›. Sie blättern durch eine Zeitung auf der Suche nach der Wissenschaftsseite und lesen dann im Vorbeiblättern etwas über die englische Queen, über die Probleme der Italiener mit dem Euro, über die Kultur des Wiener Schnitzels. Online spielt dieser Effekt viel weniger stark, weil Sie sehr viel direkter und gezielter auf Ihr Ziel zusteuern. Online sind wir quasi im Schlüssellochmodus unterwegs: Wir sehen immer nur einen kleinen Ausschnitt – es ist, Sie ahnen es, der Ausschnitt, der unsere Aufmerksamkeit geholt hat, und die hat er sich geholt, weil er unseren Erwartungen entspricht. Ganz besonders spielt dieser Effekt in den sozialen Medien. Das ist deshalb relevant, weil in vielen Ländern die sozialen Medien bereits die wichtigeren Nachrichtenquellen sind als klassische Zeitungen.

Aus der Filterblase zu treten, heißt nicht, keine Meinung und keine Haltung mehr zu haben. Es heißt, sich mit anderen Perspektiven zu konfrontieren – und nur schon damit jenen Menschen Respekt zu zollen, die anderer Meinung sind. Denken Sie daran: Der Süden könnte auch oben auf der Karte sein.

James Bond und die Desensibilisierung

Drei blinde, schwarze Männer tasten sich in Kingston, Jamaika, mit stockenden Schritten eine staubige Straße entlang. In einem Country-Club unterbrechen vier weiße Männer ihr Kartenspiel. Einer von ihnen steht auf und geht zu seinem Auto. Da wird er von den drei schwarzen Männern erschossen. In der Telefonzentrale des MI6 versucht ein Beamter, den Agenten in Kingston zu erreichen. Nach mehreren vergeblichen Versuchen holt er seinen Vorgesetzten zu Hilfe. Der ruft nach kurzer Besprechung seinen eigenen Vorgesetzten an. Am Telefon besprechen sie die Situation und kommen zum Schluss, dass sie tatsächlich James Bond beim Baccara-Spielen stören müssen.

Was langweilig klingt, sieht auch so aus. Zumindest für heutige Augen. 1962 hat so wohl ein packendes Intro zu einem Spionagethriller ausgesehen. Für heutige Verhältnisse ist es vor allem eins: langsam. In der ersten eigentlichen Filmminute von ‹James Bond: Dr. No› finden sich etwa ein Dutzend Schnitte.

Rund 50 Jahre später sieht das Intro zu ‹James Bond› ganz anders aus. Die Kamera fährt über einen See auf eine Straßengalerie zu. Unterbrochen wird die Kamerafahrt von kurzen Filmsequenzen, die jeweils einen kleinen Ausschnitt eines schnell fahrenden Autos und Großaufnahmen der Augen des Fahrers zeigen. Nach etwa 20 Sekunden hört man Schüsse einer automatischen Waffe, und es beginnt eine wilde, atemlose Verfolgungsjagd.

Die Kamerafahrten über den See dauern jeweils zwei, drei Sekunden – vergleichsweise ruhig. Denn die folgenden Autoszenen sind mit der Hektik eines Musik-Videoclips geschnitten. Die einzelnen Szenen dauern weniger als eine Sekunde. Der Eindruck von Tempo wird dadurch verschärft, dass auch die Tonspur geschnitten ist: Anders als bei einem Musik-Videoclip läuft der Ton nicht durch, sondern passt jeweils zum Bildausschnitt. In der ersten Minute von ‹James Bond: Quantum of Solace› finden sich fast 60 Schnitte – fünfmal mehr in der gleichen Zeit als bei ‹Dr. No›. Eine enorme Beschleunigung.

James-Bond-Filme lassen sich gut über die Zeit vergleichen: Im Wesentlichen erzählen die 25 Filme seit 1962 die immer gleiche Geschichte. Ab und zu wird der Schauspieler ausgewechselt, der die Hauptfigur spielt, manchmal fährt Bond ein anderes Auto. Die Basiszutaten bleiben dieselben: James Bond rettet mit Hilfe einer schönen Frau und fantasiereich eingesetzter Technik in letzter Minute die Welt. Mindestens.

In einer Hinsicht offenbaren die Filme aber große Unterschiede: Sie sind immer schneller geworden. Wenn wir uns einen der frühen Bond-Filme mit Sean Connery in der Hauptrolle als James Bond ansehen, schläft uns heute das Gesicht dabei ein. Ein gutes Beispiel dafür ist der oben zitierte erste Bond ‹Dr. No› aus dem Jahr 1962 mit Ursula Andress als erstem Bond-Girl. Es ist fast schon unglaublich, wie wenig vor allem am Anfang in dem Film passiert. Die Kamera hält minutenlang auf einen Club, in dem Menschen Karten spielen, sonst passiert gar nichts.

‹Quantum of Solace› aus dem Jahr 2008 mit Daniel Craig als James Bond fühlt sich völlig anders an. Schon im Intro des Films passiert gefühlt mehr als bei einem alten Bond im ganzen Film – und vermutlich kostete dieses Intro auch mehr als früher ein ganzer Film.

Am Anfang von ‹Quantum of Solace› fährt James Bond also am Gardasee in seinem Aston Martin durch eine Galerie und wird dabei von zwei Alfa Romeos verfolgt. Diese rasend schnell geschnittene Sequenz empfinden Kinobesucher ab einem Alter von (sagen wir) 30 Jahren als sehr schnell. Der Eindruck kommt während des ganzen Films immer wieder auf. Er entsteht, weil es im Film viele Sequenzen gibt, die sehr viel dichter geschnitten sind und pro Zeit über sehr viel mehr schnittäquivalente Ereignisse verfügen als ein alter Bond.

Das zitierte Ü30-Publikum fühlt sich wahrscheinlich geschwindigkeitsmäßig bei einem mittleren James Bond wohl, zum Beispiel bei einem Film mit Timothy Dalton (Bond-Darsteller 1987 und 1989) oder Pierce Brosnan (Bond-Darsteller 1995 bis 2002). Ältere Filme empfinden Erwachsene ebenfalls als langsam, jüngere Filme empfinden sie als schnell.

Das Interessante daran: Als die Filme mit Sean Connery in der Hauptrolle herauskamen, empfand sie kein Mensch als langsam. Die Filme waren in den 60er Jahren gerade richtig. Als die Filme mit Timothy Dalton oder Pierce Brosnan in die Kinos kamen, empfand das Ü30-Publikum die Filme wahrscheinlich als schnell. Jugendliche empfinden umgekehrt die heutigen Filme nicht als schnell, sondern als angenehm.

Das bedeutet nichts anderes, als dass die Zuschauer sich verändert haben. Sie haben sich an die höheren Geschwindigkeiten gewöhnt. Anders gesagt: Sie haben sich an eine höhere Reizintensität angepasst. Es braucht deshalb heute mehr und dichtere Reize als in den 1960er Jahren, um denselben Effekt zu erzielen. Das Phänomen, das dahintersteckt, heißt ‹Desensibilisierung›.

Diese Desensibilisierung tritt auch ein, wenn Sie Ihr Essen salzen: Ein paar Wochen lang kommen Sie mit einer Prise Salz aus. Doch dann hat sich der Organismus an den Reiz gewöhnt. Um denselben Effekt zu erzielen, um also das Essen weiterhin als etwas salzig zu empfinden, müssen Sie die Reizdosis erhöhen: Sie müssen mehr salzen.

Desensibilisierung (man könnte abwertend auch von Abstumpfung sprechen) ist bei der Geschwindigkeit von Medien gut beobachtbar. Ähnlich gut sichtbar ist sie im Bereich der erotischen Reize. Sicher kennen Sie das berühmte Bild von Marilyn Monroe, das Sam Shaw in New York geschossen hat: Marilyn Monroe steht über einem Lüftungsschacht der New Yorker U-Bahn, der Luftstrom aus dem Schacht weht ihren weißen Rock hoch.

Das Bild ist am 15. September 1954 entstanden, und zwar während der Dreharbeiten zu ‹Das verflixte 7. Jahr›. Regisseur Billy Wilder ließ die Szene 14 Mal wiederholen. Marilyn Monroe war damals mit dem Baseballspieler Joe DiMaggio verheiratet. Der ärgerte sich maßlos darüber, wie die Luftstöße aus dem U-Bahn-Schacht der Monroe ein über das andere Mal den Rock lupften. DiMaggio beklagte sich, die Szene sei exhibitionistisch und viel zu gewagt. Er machte der Monroe eine Szene und verließ protestierend das Set.

Wenn wir uns die Bilder heute anschauen, fragen wir uns: Was daran ist bitte exhibitionistisch? Die Frau ist ja komplett angezogen. Heute sehen wir in der Oper so manche Seniorin, die deutlich weniger Textilien trägt. Schulmädchen tragen in aller Unschuld weniger Stoff. Kein Zweifel: Wer heute mit nackter Haut (oder Bildern davon) sexuelle Reize erzeugen will, muss sich schon sehr anstrengen.

Bekannt für ihren (sagen wir einmal) minimalen Einsatz von Textilien sind die Werbeplakate von H&M. Wenn man die Plakate mit den fast nackten, höchst erotischen Frauen an einer Straßenkreuzung hängen sieht, muss man sich fragen, warum es da nicht öfter zu Auffahrunfällen kommt. Offenbar finden die Plakate trotz höchst freizügigem Einsatz weiblicher Reize kaum Beachtung. Und das bedeutet nichts anderes, als dass mit den Männern etwas passiert sein muss. Das Phänomen dahinter heißt Desensibilisierung. Wir sind im Alltag so häufig erotischen Reizen ausgesetzt, dass wir abgestumpft sind.

Doch die Reizsteigerung hat Grenzen. Nackter als nackt geht nicht. Was dann? Dann dreht sich der Reiz ins Gegenteil. Wer im Zeitalter der großen Nacktheit Aufmerksamkeitsreize setzen will, setzt nicht auf Nacktheit, sondern auf Verhüllung. Deshalb erzielt eine Frau in einer Burka heute deutlich mehr Aufmerksamkeit als eine Frau in einem Stringtanga.

Und wie setzt man mit James Bond weiter Reize nach einem Intro mit 60 Schnitten pro Minute? Mit dem Gegenteil: Die Eröffnungsszene des (vorerst) letzten James Bond ‹Spectre› besteht aus einer einzigen, vier Minuten langen Szene. Die Kamera zeigt zunächst eine Straßenszene am Tag der Toten in Mexiko-Stadt mit Hunderten von als Toten verkleideten Menschen. Die Kamera sinkt in die Menge und folgt einem maskierten Paar: James Bond mit Begleitung. Das Paar betritt ein Haus und darin den Fahrstuhl, die Kamera folgt ihnen in den Fahrstuhl hinein und von da bis ins Zimmer. James Bond entledigt sich der Maske, die Frau legt sich aufs Bett. Doch Bond widmet sich nicht der Schönheit auf den Laken, sondern verschwindet aus dem Fenster, die Kamera hinterher. Bond geht über mehrere Hausdächer bis an den Rand des Blocks, duckt sich hinter einen Vorsprung und zielt mit dem Gewehr auf ein gegenüberliegendes Fenster. Schnitt.

Die Szene ist nicht in einem Take aufgenommen. Der Beginn ist von einem Kamera-Kran aus gedreht, dann folgt eine Steadycam Bond ins Haus und in den Fahrstuhl, die Zimmerszene ist in den Pinewood-Studios in London gedreht, die Dachszene wieder mit einer bewegten Kran-Kamera. Doch die einzelnen Takes sind so aneinander montiert, dass der Kamerawechsel nicht auffällt und der Eindruck eines einzigen, langen Takes entsteht. Ein stärkerer Gegensatz zur Eröffnungsszene von ‹Quantum of Solace› ist nicht denkbar, Aufmerksamkeit ist garantiert.

Mediales Tempo und erotische Reize sind zwei Beispiele für das Gesetz der Desensibilisierung. Das Gesetz gilt für jeden Reiz: Der Mensch gewöhnt sich an sich wiederholende Reize und stumpft mit der Zeit ab, egal, ob es um Salz oder Pfeffer, Tempo oder Erotik – oder um Gewalt geht. Um denselben Effekt zu erzielen, müssen die Reize mit der Zeit stärker oder dichter werden.

Damit Jugendliche einen Film oder ein Spiel als schnell empfinden, muss auf dem Bildschirm schon einiges los sein. Die Augen von Jugendlichen sind heute bis zu viermal schneller im Erkennen von optischen Mustern, als sie es vor 50 Jahren waren. Die Elterngeneration erlebt das, wenn sie einem Jugendlichen beim Gamen über die Schultern sieht: Dem zuschauenden Elternteil wird es dabei rasch schwindelig – dem Junior dagegen ist es wohl. Kein Wunder, dass ein James Bond ganz schön viel Leinwandfeuerwerk aufbieten muss, damit der Junior das Gefühl hat, es sei etwas los.

Das Gesetz der Desensibilisierung gilt nicht nur für Geschwindigkeit und erotische Reize, es gilt für alles, was die Aufmerksamkeit anspricht. Deshalb tendieren die Buchstaben in der Boulevardpresse dazu, immer grösser zu werden, die Schimpfworte immer heftiger, die Sprache immer deftiger. Im amerikanischen Fernsehen werden die berühmten Vierbuchstabenwörter mit ‹F› (‹fuck›) noch überpiepst, im deutschsprachigen Raum lassen sie kaum mehr eine Augenbraue hochsteigen.

Dass Desensibilisierungseffekte auch bei Nachrichten auftreten, darauf weist eine Studie der University of Maryland hin: Die Studie hat in Amerika ein System für Warnmeldungen über Mobiltelefone untersucht. Seit 2012 gibt es in den USA die ‹Wireless Emergency Alerts›. Mit Hilfe dieses Systems werden staatliche Warnmeldungen als SMS an alle Geräte innerhalb einer Funkzelle geschickt. So lassen sich die Menschen in einem Stadtteil zum Beispiel vor Hochwasser warnen.

Eigentlich eine gute Sache. Doch das Alarmsystem wird immer häufiger eingesetzt: Die Studie verzeichnet innert fünf Jahren über 21 000 Warnmeldungen. Es zeigt sich, dass die Menschen die Warnungen umso eher ignorieren, je häufiger sie eine Warnung erhalten. Das ist ein klassischer Abnutzungseffekt – oder eben: Desensibilisierung.

Diese Desensibilisierungseffekte machen es für die Medien im unendlich großen Medienschlaraffenland Internet immer schwieriger, Aufmerksamkeit zu erlangen. Im globalen Reizmarkt ist es kaum mehr möglich, einen Reiz zu setzen. Noch vor ein paar Jahren genügte es der italienischen Kleiderkette Benetton, das Bild zweier sich küssender Priester zu zeigen, um Aufmerksamkeit zu erregen. Heute würde so ein Bild kaum mehr wahrgenommen. Was gestern noch ein Hingucker war, ist heute Alltag.

Kurzfristig lässt sich allenfalls mit dem Burka-Prinzip Aufmerksamkeit erzielen: also indem die Reiztendenz gebrochen und ins Gegenteil verkehrt wird. Das funktioniert im Film und in der Werbung. So ist denkbar, dass in einem mit Bildern vollgestopften Modemagazin eine Anzeige Aufmerksamkeit erregt, die aus einer weißen Seite besteht. Allenfalls ist der Erfolg der Wochenzeitungen ‹Die Zeit› in Deutschland und der linken ‹Wochenzeitung WOZ› in der Schweiz mit der Reizumkehr erklärbar: In einer Zeit der Bilderflut und der Schlagzeilengewitter erregt eine langsame, Text-orientierte Publikation Aufmerksamkeit. Innerhalb von Schlagzeilen und Texten funktioniert dieses Prinzip eher nicht.

Einschub: James Bond und die Probleme im Biologieunterricht

Die Entwicklungen der James-Bond-Filme über die letzten Jahrzehnte haben vermutlich viel mit den Problemen zu tun, die unsere Kinder im Biologieunterricht haben. Und in Französisch, in der Geschichte, in Deutsch – kurz: überall da, wo es auf die Aufmerksamkeit im Unterricht ankommt. Denn Schülerhirne im Klassenzimmer funktionieren genauso, wie die Hirne von Kinobesuchern in den Kinosälen auf der ganzen Welt. Anders gesagt: Vermutlich leiden unsere Kinder an Hirnverstopfung.

Stellen wir uns kurz eine Schule vor 100 Jahren vor. Im Schulzimmer sitzen bis zu 50 Kinder in Holzbänken. Koedukation ist noch in weiter Ferne, es sind also entweder 50 Mädchen oder 50 Knaben. Keines der Kinder hat einen Fernseher zu Hause, das Radio steckt noch in den Anfängen. Im Biologieunterricht bringt der Lehrer einen ausgestopften Waschbären mit. Keines der Kinder hat je ein vergleichbares Tier gesehen. Sie bewundern die freche schwarz-weiße Musterung des Fells, die possierlichen Pfoten, den geringelten Schwanz. Der Waschbär ist viele Tage lang Thema von Familiengesprächen.

In einer Schule vor 50 Jahren sitzen Mädchen und Buben in derselben Klasse. Es sind deutlich weniger Kinder. Einige von ihnen haben zu Hause einen Fernseher. Alle lesen ab und zu Comics. Da tauchen auch Waschbären auf. Als der Biologielehrer ein Tafelbild entrollt, das einen Waschbären zeigt, erkennen die meisten das Tier. Sie finden es interessant.

Heute würde ein Waschbär in einer Schule weder ausgestopft noch auf einem Tafelbild den Schülern ein müdes Lächeln entlocken. Die Kids kennen Waschbären von unzähligen Bildern und aus Trickfilmen wie ‹Ab durch die Hecke›. Die Lehrerinnen und Lehrer machen dabei immer denselben Fehler: Sie vermuten in den Kindern eine Medien-Generation, die nur noch auf Filme anspricht, und zeigen ihnen deshalb im Biologieunterricht Filme – eben, zum Beispiel von Waschbären. Doch die Kids reagieren darauf nicht. Sie sind die spektakulären Spezialeffekte von Hollywoods Filmindustrie gewöhnt. Ein bloßer Tierfilm ist für die Kinderhirne ein Flüstern im Bildersturm. Wer mit ‹Jurassic Park› und der Tricktechnik von Pixar aufgewachsen ist, jeden Tag auf seinem Handy mehr Bilder sieht als ein Jugendlicher vor 100 Jahren in seiner gesamten Jugendzeit, dessen Hirn reagiert auf einen Waschbären nicht mehr.

Zumindest nicht medial. Gegen Hollywood hat die Schule keine Chance. Sie kann die Reize der Traumfabrik filmisch nicht toppen. Es hilft nur, das Rezept von James Bond anzuwenden und zum radikalen Gegenteil zu greifen: realer Bauernhof statt animierter Tiere auf dem Bildschirm. Reale Erde statt digitaler Pixel. Der warme Puls eines stinkenden Schweins statt Spezialeffekte hinter Glas auf einem Bildschirm. Kurz: Die Schule hat keine Chance, wenn sie die überreizten Kinderhirne mit medialen Reizen erreichen will. Sie muss die Medialität brechen und die Schüler da erreichen, wo sie unterreizt sind: im Konkreten, in der Realität.

Bei dieser Gelegenheit: Es gibt Laufmeterweise Beratungsliteratur über die mögliche Schädlichkeit von Computer und Internet. Einer der profiliertesten Warner ist der deutsche Psychiater Manfred Spitzer, leitender ärztlicher Direktor der psychiatrischen Universitätsklinik in Ulm. In seinem Buch ‹Vorsicht Bildschirm!› hat er die bekannten Daten und Fakten zu den Auswirkungen von Bildschirmmedien auf Körper und Geist zusammengefasst und vor dem Hintergrund der Ergebnisse aus der Hirnforschung diskutiert. Spitzer warnt eindringlich davor, Kinder zu früh und zu stark Bildschirmmedien auszusetzen, und zwar aus medizinischen Gründen: Es sei klinisch erwiesen, dass zu intensiver Kontakt mit Fernsehen und Computer die kindliche Entwicklung negativ beeinflusse.

Spitzers Thesen eignen sich gut für fette Schlagzeilen in der Art: Computer und Internet machen Kinder dick, dumm, krank und traurig. Spitzer schreibt von «digitaler Demenz» und bezeichnet Computer-Kids als «cyberkrank».

Entsprechend heftig werden seine Thesen kritisiert. Christian Stöcker, Journalist und Professor für Digitale Kommunikation an der Hochschule für Angewandte Wissenschaften Hamburg, bezeichnete Spitzer als «Anti-Digitalisierungs-Prediger», der Literatur- und Medienwissenschaftler Roberto Simanowski lehnte Spitzers Ton als «kulturpessimistisch» und deshalb «wenig hilfreich» ab und resümierte: «Ja, wir sitzen alle immer länger vor dem Computer. Aber das ist nicht der Untergang.»

Ein Aspekt wird dabei gerne vergessen: Computer und Internet fordern Zeit. Viel Zeit. Computergames mögen per se nicht schädlich sein – wenn keine Zeit mehr bleibt für das Lernen von Lateinwörtern, sind die Auswirkungen der virtuellen Ballereien negativ, ob nun Spitzer oder Simanowski recht hat oder nicht. Vor allem Onlinespiele neigen dazu, die Spieler richtiggehend an sich zu binden. Wer sich nicht regelmäßig einloggt, verliert an Stärke oder Ansehen in der virtuellen Welt, kommt nicht mehr mit, bleibt außen vor. Ganz abgesehen davon, dass die Spiele einiges an Übung abverlangen.

Wenn wir uns darauf einigen, dass Computer, Games, das Internet und das Herumspielen mit dem Handy Zeit brauchen, dann heißt das nichts anderes, als dass sie uns Aufmerksamkeit kosten. Ein Game läuft ja nicht nebenher wie eine Begleitmusik. Ein Game fordert Konzentration, Reaktion – kurz: Aufmerksamkeit. Und es fordert diese Aufmerksamkeit in aller Regel vehementer ein als das Lateinbuch und die Periodentabelle. So gesehen stecken auch unsere Kinder in der Aufmerksamkeitsfalle. Es ist umso wichtiger, ihnen aus dieser Falle herauszuhelfen, als es dabei um ihre Zukunft geht. Denn es gibt nur wenige Menschen, die mit Computerspielen ihren Lebensunterhalt verdienen können.

Paris, 1671

Liselotte von der Pfalz war 19 Jahre alt, als sie alles verlor, was sie bisher geliebt hatte: ihre Familie, ihr Land, ihre Religion. Denn Elisabeth Charlotte, Tochter des pfälzischen Kurfürsten Karl Ludwig und damit Prinzessin von der Pfalz, wurde im November 1671 nach erzwungener Konversion zum Katholizismus mit Philipp von Orléans verheiratet, dem jüngeren Bruder des ‹Sonnenkönigs› Ludwig XIV. Der offizielle Titel von Philipp war ‹Monsieur›, Liselotte wurde demzufolge zur ‹Madame› am französischen Hof. Und sie litt ganz fürchterlich darunter. Ihr Mann stolzierte auf gefährlich hohen Absätzen, betresst und herausgeputzt wie ein Gockel im königlichen Schloss herum, gab sich dem Spiel hin, umgab sich mit zweifelhaften Kumpanen – und zog schon bald wieder aus dem gemeinsamen Schlafzimmer aus. Denn er war (fast) offen homosexuell. Liselotte hasste die Galanterie und die höfische Etikette. Sie setzte sich lieber auf ein Pferd und ritt wild durch Auen und Wälder. Was ihr zwar die Bewunderung des Königs, aber den Spott seines ganzen Hofs eintrug.

Wie es Liselotte am französischen Hof erging, was sie über die Hofschranzen und ihren putz- und spielsüchtigen Gatten dachte und was sie inmitten der Hautevolee trieb, das wissen wir recht genau, weil Liselotte eine fast schon manische Briefschreiberin war. Sie hielt den königlichen Hof vielleicht nur deshalb aus, weil sie sich immer wieder in ihr Zimmer zurückziehen und an ihre Lieben zu Hause schreiben konnte. Sie nahm dabei kein Blatt vor den Mund. Ihre Briefe waren nicht literarische Episteln für die Ewigkeit, sondern spontan geschrieben, voller Gefühl und sehr direkt. Liselotte erklärte: «angenehm schreiben ist besser als korrekt». Mit anderen Worten: Die Briefe waren für das 17. Jahrhundert sensationell.

Während Monsieur sich Musik, Tanz, Theater und anderen ausschweifenden Zerstreuungen hingab und vor allem exzessiv spielte, zog sich Madame in ihre Gemächer zurück und schrieb. Die Briefe waren gut und gerne zwanzig, dreißig Seiten lang – allerdings pflegte Madame eine sehr großzügige Handschrift. Ihre bevorzugten Briefpartnerinnen waren Tante Sophie, die Herzogin von Hannover, und, nach deren Tod, die Raugräfin Louise, Stiefschwester und Jugendfreundin von Liselotte. Die Briefe beginnen mit «Ma chère Tante» oder «Herzliebe Louise», und Charlotte schrieb frei von der Leber weg alles auf, was sie am verruchten Hof des französischen Königs miterlebte.

Liselotte dürfte etwa 60 000 Briefe geschrieben haben. Allerdings ist davon nur etwa ein Zehntel erhalten. 1707 schrieb sie ihrer Halbschwester, Raugräfin Amelie Elisabeth von Degenfeld, dass sie «freilich» mehr als einen Brief pro Tag geschrieben habe: «Es geht kein Tag vorbei, daß ich nicht auf wenigstens vier Briefe schreibe, des Sonntags oft zwölf.» Schreiben sei ihre «große occupation», denn sie möge nicht «arbeytten» und finde «nichts langweiligers in der welt, alß eine nehennadel einzustecken und wieder herauszuziehen».

In ihrer alten Heimat war jeder Brief ein Ereignis. Auch für die Fürsten und Herzöge in Deutschland war der Einblick, den Elisabeth Charlotte in den französischen Hof gewährte, etwas Einmaliges. Und dazu noch in dieser unverblümten Sprache, gespickt mit Schimpfworten und Beleidigungen, die nur notdürftig mit «met verlöff» (also: mit Verlaub) abtempiert waren.

Liselotte von der Pfalz war, was die Menge und die Sprache ihrer Briefe angeht, eine Ausnahmeerscheinung. In vielen anderen Punkten ist ihr Schicksal typisch: Sie wurde nie gefragt, ob sie den Bruder des französischen Königs heiraten wolle. Sie sah ihre Familie nach der Heirat nie wieder. Sie konnte mit ihren Jugendfreundinnen nur brieflich Kontakt halten.

Der Brief als einziges Kontaktmittel blieb bis weit ins 20. Jahrhundert auch für jene Menschen die Regel, die keine fremden Regenten heirateten: für junge Menschen in der Lehr- und Wanderzeit, für Weltreisende, für Auswanderer. Junge Mädchen, die nach der obligatorischen Schulzeit in der Schweiz ein ‹Welschlandjahr› absolvierten, also ein Jahr lang in einer Familie in der französischsprachigen Schweiz als ‹jeune fille au pair› (Haushaltshilfe) arbeiteten, sahen und hörten ein Jahr lang nichts von ihrer Familie. Sie tauschten lediglich Briefe aus. Nach Hause zu reisen war zu teuer, telefonieren war allenfalls in Notfällen möglich. Bis in die späten 50er Jahre hinein war der Brief für die ‹jeunes filles› das einzige Kommunikationsmittel. Ähnlich erging es Handwerkerburschen auf Wanderschaft: Sie hielten mit ihren Familien bloß brieflich Kontakt, schickten vom neuen Arbeitsort vielleicht eine Postkarte – und standen dann nach absolviertem Wanderjahr plötzlich wieder vor der Tür.

Briefe oder Postkarten der ausgeflogenen Kinder oder der ausgewanderten Verwandten waren also selten – und entsprechend kostbar. Auch wenn die Kinder nicht von Königen und Höfen berichteten, war zu Hause jeder Brief ein Ereignis und erhielt ungeteilte Aufmerksamkeit. Er wurde im Familienkreis vorgelesen, Nichten und Schwägerinnen gezeigt, und auch der Metzger und der Bäcker erfuhren von den brieflichen Nachrichten. Erich Kästner beschreibt zum Beispiel in «Drei Männer im Schnee», wie die Mutter von Fritz Hagedorn die Briefe ihres Sohnes mit Untermieter Franke teilt, und auch die Frau von Fleischermeister Kuchenbuch weiß Bescheid. Schließlich hängt das einzige Telefon weit und breit bei den Kuchenbuchs im Fleischerladen, hinter dem Ladentisch, gleich neben dem Hackblock. Als Sohn Fritz der Mutter die freudige Nachricht überbringen will, dass er eine Stelle bei den Toblerwerken erhalten und sich verlobt hat, ruft er vom Hotel in Bruckbeuren aus in den Fleischerladen an. Dem Fleischer hat er seinen Anruf telegrafisch vorangemeldet, Lehrling Karlchen musste die Mutter vorwarnen. Natürlich kriegt der ganze Laden den Inhalt des Gesprächs mit. «Das waren aber gute Nachrichten», meint Frau Kuchenbuch, als die Mutter das Gespräch beendet hat. Selbst den Monatslohn kennt sie bereits: «Achthundert Mark und eine Braut!»

Seit sich die persönliche Kommunikation auf den Computer und das Smartphone verlagert hat, sind Briefe kein Ereignis mehr, sondern eher eine Last: Der durchschnittliche Internetnutzer erhält etwa 40 E-Mails pro Tag. Dabei ist die elektronische Post längst nicht mehr das wichtigste Kommunikationsmittel. Laut einer Studie von Statista verschickt ein durchschnittlicher WhatsApp-Nutzer monatlich mehr als 1200 Nachrichten und empfängt über 2200 Messages – 40 Fotos inklusive. Und WhatsApp ist keine exotische Anwendung. Die Beschäftigung mit dem Kurznachrichtendienst ist laut der Jugendmedienstudie des Medienpädagogischen Forschungsverbunds Südwest MPFS die wichtigste Nutzung des Smartphones: 89 Prozent der Jugendlichen nutzen WhatsApp täglich, 95 Prozent mindestens einmal in der Woche. Im Schnitt ‹whatsappen› die Kurznachrichten-Anwender wöchentlich 195 Minuten – das ist fast eine halbe Stunde pro Tag.

Wer auswandert oder längere Zeit auf Reisen geht, hält darüber hinaus mit seinen Lieben zu Hause per Skype oder FaceTime Kontakt. Das sind Dienste, die auf einfache Art und Weise per Computer, Tablet oder Handy Videotelefonie möglich machen. So können die Enkelkinder den Großeltern die Verkleidung für Karneval, Fastnacht oder Halloween vorführen, auch wenn sie auf der anderen Seite des Atlantiks sind. Für viele Expats gehört das Skypen mit der Familie zum wöchentlichen Ritual.

Ob E-Mail, WhatsApp oder Skype – eine einzelne Nachricht ist kein Ereignis mehr. Allenfalls brennt sich das Ausbleiben von Nachrichten ein im Gedächtnis. Während die Freunde von Liselotte von der Pfalz oder die Eltern der früheren ‹jeune fille au pair› jeden Brief aufhoben, mehrfach lasen und, vielleicht, halb auswendig kannten, sind die einzelnen Nachrichten auf WhatsApp oder Skype nicht der Rede wert. Auch das ist eine Form der Desensibilisierung, der Gewöhnung. Es ist heute wohl vielmehr der Nachrichtenstrom, der zählt. Hirnforscher wie Manfred Spitzer sagen denn auch, dass das Gedächtnis heute mit den vielen Kurznachrichten ganz anders umgeht, als es früher mit den wenigen Briefen umging. Die Briefe waren Einzelereignisse. Sie gruben sich im Gedächtnis ein, hinterließen eine einzelne Spur. Eine einzelne Nachricht hinterlässt keine Spur mehr. Eine Ausnahme bilden vielleicht Nachrichten, die über ein besonders glückliches oder überraschend schreckliches Ereignis informieren. Die normale SMS, die normale WhatsApp-Nachricht aber ist so flüchtig wie der berühmte Tropfen auf den heißen Stein. Spuren hinterlassen die Nachrichten erst durch Wiederholung und Gewöhnung. Dann hinterlassen sie im Hirn eine Art Trampelpfad. So, wie der ‹stete Tropfen› den Stein höhlt, prägen sich stetige Nachrichten im Gedächtnis ein.

Das ist der Grund dafür, warum Jugendliche ständig kommunizieren. Sie wissen instinktiv: Die einzelne Nachricht spielt keine Rolle. Sie müssen den Nachrichtenfluss am Laufen halten und mit steten Nachrichtentropfen eine deutliche Spur im Gedächtnis ihrer Gesprächspartner anlegen. Sonst verpuffen ihre Nachrichten.

Vom Pixelhaufen zum lebenden Toten

1993 ist kein außergewöhnliches Jahr. Bill Clinton wird als Nachfolger von George H. W. Bush (Senior) US-amerikanischer Präsident, in Deutschland werden fünfstellige Postleitzahlen eingeführt, in der Schweiz wird eine Volksinitiative angenommen, die den 1. August als Nationalfeiertag künftig arbeitsfrei macht.

Das Internet gibt es schon viele Jahre, noch wird es aber nur von Spezialisten genutzt. Auch das World Wide Web existiert schon. 1993 erfindet Marc Andreessen als Student an der Universität von Illinois den Webbrowser und macht das World Wide Web damit für jedermann benutzbar. Microsoft bringt Windows NT auf den Markt, das erste Windows, das nicht auf MS-DOS basiert. Das Weiße Haus geht online: Bill Clinton wird mit der Adresse ‹president@whitehouse.gov› der erste amerikanische Präsident, der per E-Mail erreichbar ist. Und in Amerika kommt das Computerspiel ‹Doom› auf den Markt. Unter Technikern löst es seiner bunten 3D-Welt wegen Begeisterung aus – Eltern sind der blutigen Schießereien wegen entsetzt. In Deutschland wird das Spiel deshalb im Mai 1994 auf die Liste für jugendgefährdende Medien gesetzt und damit der Vertrieb weitgehend untersagt. Heute fragen wir uns, was die damaligen Eltern und Pädagogen an dem Spiel so entsetzt hat. Denn heute sind wir nur schon aus den Fernsehnachrichten schlimmere Bilder gewohnt.

‹Doom› ist der erste große Egoshooter. Das bedeutet, dass der Spieler in die Rolle eines Kämpfers schlüpft und sich mit verschiedenen Waffen in einem labyrinthischen Gebäude den Weg freikämpfen muss. Die Geschichte ist abgefahren und völlig egal: Das Spiel ist auf dem Marsmond Phobos angesiedelt. Dort sind Teleportationsexperimente schiefgegangen, deshalb hat sich das Tor zur Hölle geöffnet. Dämonen strömen aus der

Unterwelt, besetzen die Forschungseinrichtung auf Phobos und töten die Menschen. Der Spieler kämpft sich in der Rolle eines Space Marines durch das Gebäude. Zunächst ist er nur mit einer Pistole bewaffnet. Mit der Zeit findet er stärkere Waffen, um die Zombies und Dämonen anzugreifen. Wenn er einen Dämon trifft, spritzt Blut und der Dämon stöhnt.

Vermutlich kannten damals die wenigsten Spieler die Geschichte des Spiels. Hauptsache: bumm und spritz. Auch Eltern und Pädagogen war die Geschichte egal. Sie störten sich am Blut und am Ziel des Spiels: dem möglichst effizienten Töten. Besorgte Eltern befürchteten, das Spiel mache ihre Kinder zu Kämpfern. Befeuert wurden die Befürchtungen dadurch, dass die amerikanische Marine auf der Basis von ‹Doom› 1996 ein Trainingsspiel für Marinesoldaten kreierte: Mit ‹Marine Doom› sollten die Soldaten lernen, sich in Gebäuden taktisch richtig zu bewegen. Die Armee baute die Grundrisse von Botschaften im Spiel ein und trainierte mit den Soldaten die Orientierung in den Gebäuden.

Heute schütteln Kinder wie Eltern über die Befürchtungen von damals nur die Köpfe. Das Blut auf dem Bildschirm, das sind ein paar rote Farbpixel, die von einem dunklen Pixelhaufen, vulgo Monster, abperlen. Die Waffen sind bei ‹Doom› fix am unteren Bildschirmrand befestigt. Es gibt kein realistisches Hantieren mit den Waffen, keine realen Kämpfe. ‹Doom› ist wirklich nur bumm und spritz.

Heutige Kampfspiele sind da viel realistischer. Ein Beispiel ist ‹Battlefield 1› von 2016: Das Spiel ist im Ersten Weltkrieg angesiedelt und bringt filmrealistische Bilder auf den Bildschirm. Während des Spiels gibt es immer wieder Nahkampfszenen. Dabei geht der Spieler schon mal mit aufgesetztem Bajonett, einem Beil oder einer Schaufel auf den Gegner los. Seit vielen Jahren eines der beliebtesten Spiele ist ‹Counter Strike›. Das Spiel dreht sich um den Kampf zwischen Terroristen und einer Antiterroreinheit. Das Spiel ist ein sogenannter Online-Taktik-Shooter – es geht also nicht nur ums Ballern, sondern auch um die Taktik dahinter. Dass der Spieler vor dem Ballern manchmal etwas denken muss, soll aber nicht darüber hinwegtäuschen, dass nach dem Denken mächtig geballert wird. Zur Verfügung stehen verschiedene Gewehre und automatische Waffen, Pistolen, Messer und Granaten. Die Waffen sehen realistisch aus und sind echten Waffen direkt nachempfunden. Verglichen mit dem realistischen Szenario, den täuschend echten Waffen und dem blutigen Kampf Mann gegen Mann wirken die verpixelten Monsterbilder von ‹Doom› geradezu lächerlich.

Heute sind im ‹ganz normalen› Fernsehen schärfere Bilder mit mehr Gewalt, Blut und Schrecken zu sehen als damals bei ‹Doom›. Ein Beispiel dafür ist die Fernsehserie ‹The Walking Dead›, die bis ins Detail realistische Zombiebilder mit deutlich mehr Blut und Gewalt auf die Fernsehbildschirme der Familienstube gebracht hat.

Kurz: Im Computerspiel gilt die gleiche Gesetzmäßigkeit der Gewöhnung und der Desensibilisierung wie in allen anderen Medien auch. Was 1996 große Empörung verursachte, führt heute kaum dazu, dass eine Augenbraue hochgezogen wird. Da müssen schon sehr viel stärkere Reize her, um eine Reaktion zu provozieren.

Einschub: Erlebnisqualität versus Bildqualität

Wer jugendliche Kinder hat, kennt die Diskussionen: Der Computer ist zu alt, die Grafikleistung zu schwach, vielleicht braucht es gar unbedingt eine 3D-Brille, um das ultimative Spielerlebnis zu ermöglichen. Jugendliche können die Eltern ganz schön in die Ecke argumentieren. Nach einer halben Stunde Diskussion mit dem Sprössling kommen Sie sich vor wie ein Rabenvater, wenn Sie Ihrem Sohnemann nicht schleunigst die neuste Grafikkarte besorgen. Sein Spielerlebnis, seine Erlebnisqualität hängt davon ab.

Das ist der wohl am meisten verbreitete Denkfehler: Die Qualität eines Films, eines Spiels, eines Bildes hänge von der technischen Auflösung und der Farbtiefe ab. Klar gewöhnen wir uns rasch an den jeweils neusten Bildstandard. Klar sehen in unseren Augen Bildschirme, die noch vor zwei, drei Jahren State of the Art waren, alt aus. Klar bildet ein Film in HD-Auflösung die Welt akkurater ab als ein Film auf einer alten VHS-Kassette. Das heißt aber nicht, dass das Erlebnis besser wird. Denn das Entscheidende findet nicht auf dem Bildschirm oder auf der Kinoleinwand statt, sondern im Kopf.

Das beste Gegenargument gegen die Gleichung ‹Höhere Bildschirmauflösung gleich besseres Erlebnis› ist ein Buch. Es ist das Wunder des Lesens: Sie folgen mit den Augen 26 verschiedenen Zeichen, die nebeneinander auf eine bestimmte Art angeordnet sind, und schon sitzen Sie auf Hatatitla im Sattel und reiten durch die Weiten des Wilden Westens, schmachten mit Stiller im Gefängnis an der Landesgrenze oder leiden mit Hesse unterm Rad. Eine geringere ‹Bildauflösung› als die paar Buchstaben ist nicht denkbar. Trotzdem stehen Winnetou und Old Shatterhand leibhaftig vor Ihren Augen. Trotzdem – oder vielleicht gerade deswegen: Sie stehen nämlich vor Ihren inneren Augen. Und sie stehen da umso ungestörter, je weniger Bilder von außen auf die Netzhaut prasseln.

Wer sich als Jugendlicher einmal Karl May hingegeben hat, der kennt den Geschmack von Pemmikan, getrocknetem Büffelfleisch, das unter dem Sattel eines Pferdes weich geritten wurde. Er weiß genau, wie die eine Feder in Winnetous blauschwarzer Haarpracht sich anfühlt, und er kennt die Schönheit des Silbersees in den Bergen. Jede Verfilmung ist danach eine Enttäuschung. Die Fantasie hat die Menschen und Orte längst viel intensiver ausgemalt.

Eines der ersten Abenteuerspiele auf dem Computer war 1987 ‹Leisure Suit Larry in the Land of the Lounge Lizards›. Das Spiel handelte von Larry Laffer, der in einer Stadt sein Vergnügen sucht. Die Bildauflösung betrug für die damalige Zeit sensationelle 800 mal 600 Pixel – heute zeigt jedes Handydisplay mehr Bildpunkte. Vor allem aber waren die meisten Bildschirme grün leuchtende Kathodenröhren. Wenn Larry auf dem Bildschirm einem Mädchen eine Rose überreichte, dann streckte ein Strichmännchen einem anderen Strichmännchen ein paar grün leuchtende Pixel entgegen. Wer das Spiel spielte, für den war das aber ganz deutlich eine rote Rose.

Oder denken wir an ‹Casablanca›, wie wir mit Humphrey Bogart nach Ingrid Bergmann geschmachtet haben. Der Film ist schwarz-weiß, und dennoch haben wir Rick's Café Américain höchst farbig in Erinnerung.

Vielleicht ist es sogar umgekehrt: Die Wörter von Karl May, die Pixel der frühen Computerspiele, die Farblosigkeit der frühen Filme machten viel mehr Fantasiearbeit nötig als ein 3D-Film oder ein superhochauflösendes Game. Vielleicht sorgt gerade die Absenz von genauen Abbildern dafür, dass die Fantasie umso reger arbeitet und das innere Erleben umso intensiver ist.

Es kommt deshalb weder im Film noch bei Games auf die Bildschirmauflösung an. Entscheidend ist einzig und allein die Geschichte. Und das heißt: Entscheidend sind nicht äußere Faktoren, sondern die innere Beteiligung des Zuschauers, des Lesers oder des Spielers.

Push-Meldungen

Die simpelste Form für ein Medium, die Aufmerksamkeit seiner Benutzer zu erlangen, ist die Push-Meldung. Das sind besonders wichtige Meldungen, die mit einem Alarmsignal versehen auf das Mobiltelefon ‹gepusht› (also gestoßen) werden, sich durch Klopfen auf der Apple Watch melden oder beim Surfen am Computer automatisch im Browser aufpoppen. Die Technik ist also in etwa so subtil, wie wenn jemand in Ihrem Rücken in die Hände klatscht oder Ihnen auf die Schultern tippt, um Ihre Aufmerksamkeit zu erlangen.

Um eine Push-Meldung zu sehen, muss man keine App öffnen, also nicht erst in ein Programm einsteigen. Die Meldung erscheint direkt auf dem Home-Bildschirm des Mobiltelefons, dem ‹Lock Screen›. Das ist das Bild, das man sieht, wenn man das Handy aus der Hosentasche zieht und antippt, ohne das Handy freizuschalten, also den Finger auf den Fingerprint-Scanner zu legen oder den Code einzugeben. Im Normalfall sieht man in diesem (gesperrten) Zustand nur die Uhrzeit und das Hintergrundbild. Push-Meldungen schieben sich darüber.

Hinter einer Push-Meldung verbirgt sich ein Artikel mit einer ausführlichen Meldung. Um die komplette Meldung zu sehen, muss der Benutzer die Push-Nachricht antippen und das Handy freischalten. Automatisch wird die zugehörige App geladen und die volle Meldung angezeigt. Das ist für den Benutzer bequem – und für den App-Anbieter praktisch: Mit guten Push-Meldungen kann man den Benutzer regelmäßig auf das eigene Angebot lenken.

Theoretisch ist eine Push-Meldung für die Benutzer eine nützliche Angelegenheit: Sie werden über wichtige Nachrichten auf dem Laufenden gehalten, ohne dass sie dafür etwas unternehmen müssen. Das Handy piepst, und da steht auf dem Bildschirm: «Alexis Tsipras tritt zurück: Neuwahlen in Griechenland.» Oder: «Endstand 8:0 – die Bayern fegen den HSV vom Platz.» Ohne viel Aufwand ist man in Sekundenschnelle auf dem aktuellen Stand und kennt die wichtigsten Nachrichten. Wer mehr wissen will, tippt auf die Kurzmeldung und kann die vollständige Meldung lesen.

Genau dieser Funktionalität wegen sind Push-Meldungen nicht nur für die Benutzer interessant, sondern auch für die Verlage: Eine gute Push-Meldung schaufelt viele Nutzer auf die Website bzw. in die App. Klar, dass viele Verlage Push-Meldungen nicht nur verschicken, wenn etwas ganz, ganz Wichtiges passiert ist, sondern auch dann, wenn es nur wichtig war. Und manchmal auch dann, wenn es nicht ganz so wichtig ist, sondern nur lustig. Schließlich will der Verlag ja überleben und möglichst viele Benutzer auf seine Seite ziehen.

Auf der Seite des Benutzers führt das zu Push-Meldungen wie: «Das beste Tenue der Welt? Pharrell Williams verkauft Schweizer Armee-Hosen-Kopie.» Oder: «Auf diese Studie haben wir gewartet: Wer öfter Pasta isst, bleibt schlanker.» Das sind ganz deutlich keine Eilmeldungen, es sind Meldungen, mit deren Hilfe die Benutzer in die App des Anbieters gelockt werden sollen. Der Handlungsauslöser ist nicht Dringlichkeit, sondern Neugier. Die Meldungen funktionieren nach dem guten, alten Boulevardprinzip.

Viele App-Anbieter haben ihre Push-Frequenz deutlich erhöht, seit es Smartwatches gibt. Push-Nachrichten erscheinen nämlich nicht nur auf dem Home-Bildschirm des Handys, sondern auch auf dem Bildschirm der Uhr. Die Apple Watch informiert dabei durch leichtes Anklopfen auf dem Handgelenk ihren Besitzer, dass sich etwas getan hat. Das muss kein weltbewegendes Ereignis sein, es kann auch nur ein neuer Spielstand in einem Fußballspiel sein. Auf diese Weise kann sich der Apple-Watch-Besitzer ohne Aufwand über das Spielglück seiner Lieblingsmannschaft auf dem Laufenden halten. Die Uhr (respektive das Handy) meldet jedes Tor, jede rote Karte, den Zwischenstand zur Halbzeit und natürlich den Endstand. Ähnlich auf dem Laufenden gehalten wird man über die Schlagkraft von Roger Federer. Oder über das Wettkampfglück der Ski-Nationalmannschaft.

Bloß nutzen sich Push-Meldungen auf diese Weise rasch ab. Einzelne Anbieter, darunter etwa ‹Tagesschau.de› und die ‹Süddeutsche Zeitung›, sind deshalb dazu übergegangen, nur noch wirkliche Eilmeldungen zu pushen bzw. dem Benutzer zu ermöglichen, die Push-Meldungen auf echte Eilmeldungen zu reduzieren. Das sind Meldungen, die auch von Nachrichtenagenturen mit höchster Priorität verschickt werden. Dabei kann es gut sein, dass mal Tage vergehen, ohne dass eine Eilmeldung verschickt wird. Die Eilmeldungen richten sich nämlich nicht nach den Bedürfnissen der App-Product-Manager, sondern nach den tatsächlichen Ereignissen.

Andere Medien gehen den gegenteiligen Weg. In der Schweiz zeichnet sich etwa ‹Watson.ch› durch besonders viele Push-Meldungen aus. In Deutschland macht die ‹Huffington Post› mit vielen Push-Nachrichten von sich reden. Kritiker haben das auch schon als ‹Pushbaiting› bezeichnet – die Wortschöpfung ist zwar unlogisch, in Anlehnung an ‹Clickbaiting› aber verständlich.

Mit den Push-Meldungen wollen die App-Anbieter dafür sorgen, dass ihre App regelmäßig geöffnet wird. Die Meldungen können aber den gegenteiligen Effekt haben: Die Benutzer können sich mit der Push-Meldung zufriedengeben. Ein rascher Blick auf das Handydisplay, und schon ist man in groben Zügen informiert. In den USA haben Anbieter wie ‹Quarz› oder ‹Buzzfeed› deshalb begonnen, die Push-Meldungen zu einer eigenen Form zu machen. Das bedeutet, sie verschicken nicht einfach den Titel der Nachricht, wie er auf der Website steht, wie das viele europäische Medien machen, sondern sie texten die Push-Meldung speziell für das Handydisplay und versehen sie auch mit Emoticons. Wenn sich der Trend durchsetzt, wird das dazu führen, dass die Benutzer zwar die Apps von ‹Spiegel›, ‹Huffington Post›, ‹Watson› und Co. auf ihren Mobiltelefonen installieren, die Apps aber kaum noch öffnen, sondern sich nur noch über Push-Meldungen informieren. Das würde bedeuten, dass die Anbieter die Push-Meldungen mit mehr Funktionalität versehen müssen: Push-Meldungen werden wohl teilbar, es wird also möglich werden, eine Push-Meldung direkt an einen Freund weiterzuleiten. Zudem dürfte früher oder später Werbung in Push-Meldungen auftauchen. Anders lässt sich der Push-Zirkus auf Dauer nicht finanzieren.

Push-Meldungen treiben das Aufmerksamkeitsproblem also auf die Spitze. Sie zeigen auf kleinem Raum die Probleme, die mit dem Bewirtschaften der Benutzeraufmerksamkeit verbunden sind, und die Folgen. Eine Folge ist ein ganz spezielles Phänomen.

Das Hirtenjungen-Phänomen

Der antike griechische Dichter Äsop erzählt in einer seiner Fabeln die Geschichte vom Hirtenjungen und dem Wolf. Die Geschichte geht etwa so: Ein Hirtenjunge hütete jeden Tag Schafe. Am Morgen holte er die Schafe im Dorf ab und trieb sie auf die Weide auf dem Berg, am Abend brachte er sie den Besitzern wieder zurück. Den ganzen Tag war er alleine mit seinen Schafen auf der Wiese. Das war auf Dauer furchtbar langweilig: Überall nichts als Schafe. Eines Tages wollte er sich deshalb einen Spaß erlauben und rief: «Der Wolf! Der Wolf! Der Wolf will sich ein Schaf holen!» Sofort bewaffneten sich die Dorfbewohner mit Mistgabeln und Dreschflegeln und rannten den Berg hoch. Außer Atem kamen sie auf der Weide an und sahen sich nach dem Wolf um. Doch da war kein Wolf. Der Hirtenjunge amüsierte sich köstlich und lachte die verdutzten Bauern aus.

Ein paar Tage später war dem Jungen wieder langweilig. Wieder rief er: «Der Wolf! Der Wolf! Der Wolf will sich ein Schaf holen!» Wieder griffen die Bauern wacker nach Dreschflegeln und Mistgabeln und rannten den Berg hoch, um ihre Schafe zu schützen. Aber wieder fanden sie nur den lachenden Hirtenjungen und keinen Wolf.

Ein paar Tage später kam der Wolf. Wieder rief der Hirtenjunge: «Der Wolf! Der Wolf! Der Wolf will sich ein Schaf holen!» Doch diesmal kam kein einziger Bauer. So fraß der Wolf die Schafe und riss den Jungen in Stücke.

Nach dieser Geschichte benenne ich ein Phänomen, das einen weiteren Aspekt der Aufmerksamkeitsfalle illustriert: das Hirtenjungen-Phänomen. Es ist schnell erklärt: Wer zwei-, dreimal ohne Anlass nach Aufmerksamkeit schreit, dem wird sie nicht mehr zuteil, auch wenn der Anlass ernst ist.

Das Hirtenjungen-Phänomen bezeichnet also einen Verlust an Glaubwürdigkeit mangels Sorgfältigkeit im Umgang mit der Aufmerksamkeit der Leser oder Zuschauer. Das Problem, mit dem die Medien kämpfen: Sie können gar nicht anders, als die Aufmerksamkeit des Publikums zu verscherzen. Nehmen wir die ‹Tagesschau›: Jeden Tag um 20 Uhr in Deutschland und um 19.30 Uhr in der Schweiz erklingt das Signet der ‹Tagesschau›. Dann verkündet eine Sprecherin oder ein Sprecher mit ernstem Gesicht die Nachrichten des Tages. Der Ton des Sprechers ist immer mehr oder weniger derselbe, die Sendung ist immer etwa gleich lang, ganz egal, ob der Tag vollgestopft war mit Ereignissen oder ob an dem Tag fast nichts passiert ist. Dasselbe gilt für die normale Tageszeitung: Die Sauregurkenzeit mag noch so sauer sein – die Frontseite beginnt immer oben links mit der wichtigsten Schlagzeile. Stellen Sie sich vor, die ‹Tagesschau›-Sprecherin würde sagen: «Guten Abend, meine Damen und Herren, herzlich willkommen zur ‹Tagesschau›. Heute hat sich in Deutschland nichts Wichtiges ereignet.» Unvorstellbar.

Eine Tageszeitung erscheint jeden Tag, die ‹Tagesschau› produziert mehrere Ausgaben pro Tag, Nachrichten gibt es immer zur vollen Stunde – ganz egal, ob sich etwas ereignet hat oder nicht. Die Medien haben Rezepte, um auf Großereignisse zu reagieren – für ereignislose Tage haben sie meist kein Rezept. Das heißt, sie haben schon ein Rezept dafür: Sie schreiben die Ereignisse herbei, oder, wie es Journalisten gerne sagen, sie setzen selber Themen. Sie bilden die Ereignislosigkeit aber nicht ab. Das führt letztlich dazu, dass sie aus Langeweile vor einem Wolf warnen, den es nicht gibt. Wer mehrfach ohne Anlass nach Aufmerksamkeit ruft, der wird aber mit Entzug der Aufmerksamkeit bestraft.

Potenziert wird das Hirtenjungen-Phänomen noch durch die oben beschriebenen Push-Meldungen. In vielen Redaktionen gibt es nämlich Regeln, wie viele Push-Nachrichten am Tag verschickt werden. Meistens peilen die Redaktionen die Nutzungspeaks am Morgen zur Pendlerzeit, über den Mittag und am Abend wieder zur Pendlerzeit an. Zu diesen Zeiten schauen am meisten Menschen auf ihr Mobiltelefon, weil sie gerade im Bus oder in der Straßenbahn sitzen oder weil sie Pause haben. Ziel der Onlinemanager ist es, dieses potenzielle Publikum möglichst für das eigene Angebot abzuschöpfen. Deshalb schauen sie darauf, zu diesen Peak-Zeiten mit Push-Meldungen auf sich aufmerksam zu machen.

Wenn die Zeitung oder das Onlineangebot eine gute Exklusivgeschichte in petto hat, lässt diese sich auf einen dieser Peaks timen. Mit einer Push-Meldung macht die Redaktion darauf aufmerksam, der Benutzer reagiert. Echte Exklusivgeschichten haben aber die Eigenschaft, dass sie exklusiv und deshalb selten sind. Die Online-Redakteure pushen deshalb gerne auch mittelwichtige bis unwichtige Meldungen. Sie schreien also, der Wolf sei da, obwohl weit und breit kein Wolf in Sicht ist.

1914 hatten die Zeitungsjungen in Berlin noch leichtes Spiel: Es gab nur eine Zeitung, die um Käufer buhlte. Im Internet hat sich die Konkurrenz mehrfach potenziert: Hunderte, ja Tausende von Angeboten wetteifern um die Aufmerksamkeit potenzieller Benutzer. Stellen Sie sich mal vor, auf so einer Berliner Straße würden Hunderte von Zeitungsjungen je einen eigenen Titel zu verkaufen versuchen. Was wäre das für ein Geschrei. Genauso geht es im Internet zu und her. Tausende brüllen «Ein Wolf! Ein Wolf!» – doch Sie reagieren längst nicht mehr darauf.

Die Briefträger-Verzerrung

Es gibt die alte Journalistenweisheit: Wenn ein Hund den Briefträger beißt, ist das keine Nachricht. Wenn der Briefträger aber einen Hund beißt, das ist eine Nachricht. Anders gesagt: Das Erwartbare, das Normale hat keinen Nachrichtenwert. Gemeldet wird das Außergewöhnliche, das Überraschende.

Dieses Gesetz gilt umso stärker, je eher ein Medium von Aufmerksamkeit lebt. Es gilt also in der ‹Bild› mehr als in der ‹Frankfurter Allgemeinen› – und es gilt vor allem im Internet. Königin der beißenden Briefträger ist Facebook: Das soziale Netz dreht sich außergewöhnlich stark um Meldungen mit hohem Außergewöhnlichkeitsfaktor.

Dass jeder beißende Briefträger gemeldet wird, nicht aber beißende Hunde, ist also ein journalistisches Naturgesetz. Das führt zu einem Effekt, den ich ‹Briefträger-Verzerrung› nenne: Wenn nie gemeldet wird, wenn Hunde Briefträger beißen, aber immer gemeldet wird, wenn Briefträger Hunde beißen, verkehrt sich unser Weltbild ins Gegenteil dessen, was tatsächlich der Fall ist. Also glauben wir mit der Zeit, dass sehr viele Briefträger Hunde beißen und ganz wenige Hunde Briefträger beißen. Logisch, oder?

Genau das ist der Fall bei Nachrichten über Flugzeugabstürze, Terroranschläge, Erdbeben und andere Katastrophen. Der Normalfall ist, dass Flugzeuge heil ankommen, dass kein Anschlag auf den Weihnachtsmarkt verübt wird und dass die Erde nicht bebt. Fliegen ist die sicherste Art des Reisens. Das größte Risiko dabei ist der Weg zum Flughafen. Weil jeder Flugzeugabsturz, der sich irgendwo auf der Welt ereignet, in den Medien dieser Welt groß gemeldet wird, aber die Autounfälle rund um den Flughafen allenfalls regional Erwähnung finden, kommt es zur Briefträger-Verzerrung: Wir glauben, dass Flugzeuge häufig abstürzen.

Rolf Dobelli nennt in seiner Denkfehler-Sammlung ‹Die Kunst des klaren Denkens› den diesem Effekt zugrunde liegenden Denkfehler ‹Availability Bias› – also etwa: ‹Verfügbarkeitsfehler›. Wir machen uns ein Bild der Welt aus den Informationen, die uns gerade zur Verfügung stehen. Und wenn die Medien dauernd über Flugzeugabstürze und beißende Briefträger berichten, dann prägt das unser Bild der Welt. Deshalb überschätzen wir systematisch das Risiko, bei einem Flugzeugabsturz ums Leben zu kommen – und wir unterschätzen die Gesundheitsgefährdung durch die Luftverschmutzung. Oder durch den übermäßigen Verzehr von Schokokeksen.

Je mehr die Medien sich darauf ausrichten, Aufmerksamkeit zu erzielen, desto größer wird das Delta zwischen der Welt und ihrer Darstellung in den Medien. Die Fokussierung der Medien auf die Bewirtschaftung der Aufmerksamkeit führt also zu einer wachsenden Briefträger-Verzerrung – und die hat zur Folge, dass wir uns ein falsches Bild der Welt machen. In einer direkten Demokratie ist das fatal – denn das Bild, das sich die Stimmbürgerinnen und Stimmbürger von der Welt machen, ist für ihr Abstimmungsverhalten entscheidend.

Eine Variante der Briefträger-Verzerrung entsteht aus dem Konflikt-Prinzip: Medien suchen den Konflikt. Eine Geschichte ist dann interessant, wenn sie sich als Konflikt oder gar als Kampf erzählen lässt. Boulevardmedien suchen das Dramatische, die Zuspitzung. Je mehr die Medien auf Aufmerksamkeit angewiesen sind, desto eher stellen sie die Welt als dramatischen Kampf dar. Aus den harmlosen Gesprächen über eine Rentenreform wird ein «Ringen um unsere Renten», aus der simplen Diskussion über die Klimaerwärmung wird der «Showdown», die Wissenschaftler stehen sich «unversöhnlich» gegenüber und kämpfen mit «harten Bandagen».

Dieser Kampf ist umso dramatischer, je ausgeglichener die Kräfte sind. Auch das verzerrt das Bild der Welt. Am augenfälligsten ist das bei der Diskussion über den Klimawandel. 99 von 100 Wissenschaftlern sind sich heute einig, dass der Klimawandel vom Menschen verursacht worden ist. Jeder Fernsehsender wird für eine Diskussion über den Klimawandel aber einen ‹Bestätiger› und einen ‹Leugner› einladen. Beim Fernsehzuschauer entsteht der Eindruck, dass die Diskussion fifty-fifty steht.

Wollte ein Fernsehsender die Diskussion über den Klimawandel korrekt abbilden, müsste er 99 Wissenschaftler einladen, die sich für den menschgemachten Klimawandel aussprechen, und einen, der den Klimawandel leugnet. Das würde ein ganz anderes Bild erzeugen. Bewiesen hat das der amerikanische Late-Night-Talker John Oliver in seiner TV-Show ‹Last Week Tonight›: Er hat tatsächlich 97 Wissenschaftler gegen drei Klimaskeptiker antreten lassen. Es erzeugt in der Tat ein völlig anderes Bild – und behebt den ‹Availability Bias›, um es mit den Worten von Rolf Dobelli zu sagen.

Kontradiktorische Diskussionen und Darstellungen in den Medien erzeugen also mehr Aufmerksamkeit – aber manchmal auch ein völlig falsches Bild. Gerade Diskussionssendungen neigen deshalb zum Briefträger-Effekt: Die Diskussion ist natürlich spannender, wenn Anne Will oder Frank Plasberg in Deutschland und Jonas Projer oder Karin Frei in der Schweiz nicht die vorherrschende Meinung abbilden, sondern Extrempositionen in die Sendung einladen. Ein Beispiel: Es sorgt für sehr viel Aufmerksamkeit, wenn Anne Will die Schweizer Burka-Trägerin und konvertierte Extrem-Muslima Nora Illi in ihre Sendung einlädt (‹Mein Leben für Allah – Warum radikalisieren sich immer mehr junge Menschen?›, NDR, 6.11.2016). Nach der Ausstrahlung wurde die Diskussionssendung in Zeitungen und im Internet heftig diskutiert. Natürlich zum Nutzen von Anne Will und ihren Quoten – also der Aufmerksamkeit, die sie mit ihrer nächsten Sendung erzielt. Es sorgt sowohl in der Schweiz wie in Deutschland für rote Köpfe (sprich: große Aufmerksamkeit), wenn Frank Plasberg den Schweizer SVP-Nationalrat und ‹Weltwoche›-Verleger Roger Köppel einlädt, um den Deutschen eine ‹Lektion› in Sachen Demokratie und Populismus zu erteilen. Köppel ist deshalb mehr oder weniger Stammgast der Talksendung.

Roger Köppel und Nora Illi (und andere Talkgäste mit extremen Positionen) sind also zuverlässige Garanten für Aufmerksamkeit. Und zuverlässige Garanten dafür, dass die Diskussion nicht konstruktiv verläuft, sondern konfliktbehaftet bleibt. Das hat einen doppelten Briefträger-Effekt zur Folge. Erstens: Extrempositionen werden salonfähig, schon allein dadurch, dass sie Sendezeit erhalten, quasi Undenkbares aussprechen und es damit in den Raum stellen.

Zweitens: Weil Diskussionen mit Extrempositionen gerne in laute Konflikte münden, statt konstruktiv zu verlaufen, hinterlassen sie den Eindruck von tiefen gesellschaftlichen Gräben, von unversöhnlichen Lagern, die sich feindlich gegenüberstehen. Dabei stehen sich nur die Extrempositionen so unversöhnlich gegenüber. Das Gros der Gesellschaft aber steht ganz friedlich dazwischen und könnte sich wohl problemlos auf eine Lösung einigen. Quotengaranten wie Roger Köppel ziehen sie aber an die extremen Pole und verhindern so die konstruktive Einigung. Kurz: Die Fokussierung auf Aufmerksamkeit und der Briefträger-Effekt führen dazu, dass die Gesellschaft auseinanderdriftet.

Boulevardmedien und Boulevardpolitik

Extrempositionen sind also gern gesehen in Talkshows, weil sie Aufmerksamkeit generieren. Politiker, die extreme Positionen vertreten, werden entsprechend häufiger eingeladen. Medien und Politik verstärken sich gegenseitig. Beide sind abhängig von der Droge ‹Aufmerksamkeit›. Schlimmer noch: Politiker können sich Aufmerksamkeit verschaffen, indem sie etwas Aufsehenerregendes tun, was von den Medien gerne und oft weiterverbreitet wird, weil das auch den Medien das verschafft, was sie so dringend brauchen: Aufmerksamkeit. Die Aufmerksamkeitsökonomie hat Politiker und Medien in eine gegenseitige Abhängigkeit gebracht und in eine Aufmerksamkeitsspirale gezwungen. Das Resultat sind Boulevardmedien – und Boulevardpolitik.

Wie das funktioniert, hat der Wahlkampf von Donald Trump eindrücklich gezeigt. Es gibt aber auch Lehrbeispiele im Kleinen. Zum Beispiel die ‹Handschlag-Affäre›, die ab April 2016 die Schweizer Medien intensiv beschäftigte und auch in Deutschland Wellen schlug. Sogar die ‹Washington Post› berichtete über die Affäre. Der Anlass war eine Bagatelle, die sich in Therwil abspielte, einem Vorort von Basel im Kanton Basel-Landschaft: Zwei Teenager weigerten sich, ihrer Lehrerin die Hand zu geben. Wären die beiden gebürtige Therwiler gewesen oder hätte es sich um Buddhisten gehandelt oder um Extrem-Veganer, hätte es ein Gespräch mit den Eltern und vielleicht einen Samstag Gartenarbeit im Schulhaus gegeben. Aber die beiden Buben waren Muslime. Das versetzte die Medien in den Ausnahmezustand.

Der Auslöser für die Affäre war ein Nebensatz, geäußert von einer Politikerin in der nationalen TV-Diskussionssendung ‹Arena›. Die Zeitung ‹Schweiz am Sonntag› griff das Stichwort auf und machte daraus eine große Geschichte vom verweigerten Händedruck in Therwil, mit einem dreispaltigen Aufmacher auf der Titelseite. Damit war die Affäre lanciert.

Die Basler Tageszeitungen zogen die Geschichte weiter. Der ‹Basellandschaftlichen Zeitung› war die Geschichte am Montag ein vierspaltiger Leitartikel auf der Frontseite wert. Bei der ‹Basler Zeitung› war es am Montag ein Einspalter auf der Titelseite und ein Vierspalter im Blatt. Am Montagabend schaltete sich Bundesrätin Simonetta Sommaruga (SP) über die Sendung ‹10vor10› im Schweizer Fernsehen in die Debatte ein: «Dass ein Kind der Lehrperson die Hand nicht gibt, das geht nicht», sagte Sommaruga im Schweizer Fernsehen. Der Handschlag sei Teil der Schweizer Kultur und gehöre zum Alltag im Land.

Danach brachen alle Dämme. Die ‹Basler Zeitung› und die ‹Basellandschaftliche Zeitung› beschäftigten sich in der Folgewoche zusammen auf netto rund zwölf (!) Zeitungsseiten mit dem Thema. Die ‹Basellandschaftliche Zeitung› schlachtete das Thema zweimal vierspaltig und einmal sogar fünfspaltig auf der Titelseite aus. Die ‹Basler Zeitung› war auf der Titelseite zurückhaltender – aber nur auf der Titelseite. Natürlich machten auch die Gratiszeitung ‹20 Minuten› und die Boulevardzeitung ‹Blick› mit. Der ‹Blick› veröffentlichte sogar Bilder vom Facebook-Profil eines der Schüler. Titel: «Dieser MuslimTeenie diktiert dem Rektor die Regeln.»

In einem anderen Artikel titelte der ‹Blick›: «Auf bestem Weg zum Extremisten», und fragte: «Sind die Handschlag-Verweigerer aus Therwil BL Anhänger des IS?» Auch die Schule bekam im ‹Blick› ihr Fett weg: «So redet sich der Rektor raus», titelte die Zeitung.

Die Handschlag-Affäre beinhaltete wie im Schulbuch alle Elemente, die es braucht, damit Journalisten und Politiker den gesamten gesunden Menschenverstand über Bord werfen:

1) Das nationale Fernsehen legt mit einer Talksendung einen nationalen Empörungsboden. Konkret war es eine ‹Arena›-

Sendung auf SRF. Darin wurde der verweigerte Handschlag zum ersten Mal thematisiert.

2) Die Akteure (die beiden muslimischen Buben aus Therwil) ließen sich im Umfeld von islamistischem Terror und Muslim-Angst medial ohne Risiko und Folgekosten zu ‹Bad Boys› stilisieren.
3) Der Händedruck ließ sich medial bestens nach allen Seiten ausschlachten und ‹vertiefen› mit Hintergrundseiten über Begrüßungsrituale (eine Seite in der ‹Basler Zeitung›) oder zur Schulpolitik (eine Doppelseite in der ‹Basellandschaftlichen Zeitung›).
4) Das Thema lässt sich ohne Aufwand in Fortsetzungen bespielen: Experten sind besorgt (Schweizer Fernsehen), Eltern sind besorgt (‹Basler Zeitung›), Politiker fordern Konsequenzen (‹Basellandschaftliche Zeitung›).
5) Nach einer Woche, in der das Thema ‹Handschlag› in allen Medien rauf und runter gespielt wurde, griff die Talk-Sendung ‹Arena› den Handschlag erneut auf und machte ihn zum Thema einer kontroversen Diskussion auf SRF.

Das funktionierte so lehrbuchmäßig, weil der Auslöser der Affäre alle Kriterien erfüllte, die ein solcher Auslöser im Lehrbuch erfüllen muss: Ein verweigerter Handschlag ist symbolträchtig, das Empörungspotenzial ist groß, es gibt nationalen, ja internationalen Kontext, der sich (islamistischer Terror!) nach Belieben emotionalisieren und sensationalisieren lässt.

Dazu kommt: Die Schule ist involviert (und damit eine Stellvertreterin für den Staat und die Gesellschaft). Jede Leserin, jeder Leser ist einmal zur Schule gegangen und kann deshalb mitreden. Es geht um das Verhältnis von Männern und Frauen, von Jugendlichen und Autorität, von muslimischen Einwanderern und Schweizer Gepflogenheiten. Und das Beste daran: Ein Handschlag ist so simpel, dass es jeder, aber wirklich jeder versteht.

Natürlich ist das, was geschehen ist, völlig irrelevant. Es hat keinerlei Konsequenzen, es ist niemand zu Schaden gekommen. Schaden hat erst die massive Medienkampagne angerichtet. Der verweigerte Handschlag ist ein Symbolproblem. Die Berichterstattung darüber ist Symbolberichterstattung, und die Politiker machen daraus Symbolpolitik. Kurz: Boulevardmedien führen zu Boulevardpolitik.

‹Boulevard› meint hier, dass sich Medien und Politiker nicht um die wirklichen Probleme kümmern, sondern um Scheinprobleme. Medien und Politiker beschäftigen sich nicht mit dem Handschlag-Problem, weil es wichtig ist, sondern weil es verständlich ist und Empörungspotenzial hat. Es bringt Aufmerksamkeit. Journalisten und Politiker umflattern das Licht der Aufmerksamkeit wie Mücken eine Straßenlaterne. Wie der Mann in der Geschichte von Paul Watzlawick, der mitten in der Nacht unter einer Straßenlaterne nach seinem Schlüssel sucht. Ein vorbeikommender Polizist fragt ihn, was er da mache. Als der Polizist hört, dass der Mann seinen Schlüssel sucht, beginnt er, ihm zu helfen. Nach einer Weile fragt der Polizist den Mann: «Sind Sie sicher, dass Sie den Schlüssel hier verloren haben?» – «Nein», antwortet der Mann, «verloren habe ich den Schlüssel da hinten», und zeigt dabei mit dem Finger ins Dunkle. «Warum suchen wir dann hier?», fragt der Polizist. Darauf antwortet der Mann: «Weil es dort hinten kein Licht gibt.»

Journalisten würden darauf wohl argumentieren: «Wir bringen halt das, was die Leute lesen wollen.» Oder: «Der Handschlag von Therwil hatte sensationelle Klickzahlen, da mussten wir nachlegen.» Das ist ungefähr so, wie wenn ein Dealer vor Gericht sagen würde: «Ich weiß nicht, warum Sie sich aufregen, Euer Ehren, meine Kunden wollten das Heroin, da hab ich halt geliefert.» Medien sind nun mal süchtig nach Aufmerksamkeit – und die Medienkonsumenten sind süchtig nach Sensationen, die sie verstehen und über die sie sich risikofrei aufregen können.

Fatal ist dabei die Symbiose, die Politik und Medien eingehen im Kampf um die Aufmerksamkeit. Denn das Resultat ist Boulevardpolitik, die nicht Probleme löst, sondern wider besseres Wissen im Scheinwerferkegel der Aufmerksamkeit aufspielt. Ein typisches Beispiel dafür ist die ‹Minarett-Initiative›, die in der Volksabstimmung am 29. November 2009 angenommen wurde. Sie ergänzt die Bundesverfassung um den Satz: «Der Bau von Minaretten ist verboten.» Zum Zeitpunkt der Abstimmung gab es in der Schweiz ganze vier (!) Minarette, und es stand nicht zu erwarten, dass sich diese Zahl stark vergrößern würde.

Zustande gekommen ist die Initiative, weil Politiker und Medien sich des Themas Minarett intensiv angenommen haben. Es ist ein wunderbares Boulevard-Thema: Es polarisiert, regt auf, jeder kann darüber reden, jeder kann sich eine Meinung dazu bilden. Doch das Minarettverbot löst kein einziges Problem. Es ist reine Symbolpolitik. Auf diese Weise führt die Boulevardisierung der Medien zu einer Boulevardisierung der Politik.

Ganz besonders anfällig für diese Effekte ist die direkte Demokratie der Schweiz. Wer sich politisch profilieren will, startet eine Volksinitiative. Auf diesem Weg können Bürgerinnen und Bürger eine Änderung der Bundesverfassung vorschlagen. Damit eine Volksinitiative zustande kommt, müssen innerhalb von 18 Monaten 100 000 Unterschriften von stimmberechtigten Schweizerinnen und Schweizern eingereicht werden. Diese Unterschriften zu sammeln war vor 30 oder 40 Jahren noch ein aufwendiger Prozess. Im Internetzeitalter ist das viel einfacher, weil sich eine Kampagne über das Netz viel leichter organisieren lässt. Unterschriftenbogen lassen sich herunterladen, Argumente per Mail verteilen. Die Zahl der Initiativen, die zur Abstimmung kommen, hat deshalb in den letzten Jahren stark zugenommen.

Von 1848 bis Ende 2016 sind 333 Volksinitiativen zustande gekommen. Die erste Hälfte dieser 333 Initiativen verteilt sich auf 143 Jahre – das ist etwa eine Initiative pro Jahr. Die zweite Hälfte konzentriert sich in den letzten 25 Jahren – das sind über sechs Initiativen pro Jahr. Und das Tempo nimmt weiter zu: Allein seit dem Jahr 2000 sind in der Schweiz 124 Volksinitiativen zustande gekommen – das sind 7,75 Initiativen pro Jahr. Volk und Stände haben seit 1848 insgesamt 22 Volksinitiativen angenommen – allein zehn davon seit der Jahrtausendwende. Eine davon war die ‹Minarett-Initiative›.

Auch im Fall der beiden Jungen von Therwil hat der verweigerte Handschlag politische Spuren hinterlassen. Die Regierung des Kantons Basel-Landschaft will die Kantonsverfassung und das Bildungsgesetz anpassen. Die Regierung schlägt vor, die Verfassung um einen Artikel zu erweitern, in dem steht: «Weltanschauliche Auffassungen und religiöse Vorschriften entbinden nicht von der Erfüllung bürgerlicher Pflichten.» Das Bildungsgesetz wird um eine Bestimmung ergänzt, wonach die Schüler «hiesige gesellschaftliche Werte achten» und «an hiesigen gängigen Ritualen wie namentlich dem Handschlag, sofern er eingefordert wird, teilnehmen». Das ist Boulevardpolitik: Es wird kein einziges Problem gelöst, aber hüben und drüben für viel Aufmerksamkeit gesorgt.

Und jetzt? Der Schaden ist angerichtet. Wenn die beiden Therwiler Jungs nicht aus religiösen Gründen gehandelt haben, dann hatten sie die beste Zeit ihres Lebens. Stellen Sie sich das mal vor: Sie geben Ihrer Lehrerin die Hand nicht, und die ganze Weltpresse berichtet. ‹High five›! Wenn die beiden wirklich aus religiösen Gründen gehandelt haben, also aus innerer Not und Überzeugung, dann hat sich ihr Problem wohl zur Krise verschärft.

Noch einmal: Die Aufmerksamkeitsorientierung der Medien und der Politik führt nicht nur zu einer Boulevardisierung der Medien, sondern auch zu einer Boulevardisierung der Politik. Gerade in einer direkten Demokratie wie der Schweiz ist das fatal, weil sich die Politik in einer direkten Demokratie per definitionem in der Öffentlichkeit abspielen muss – und deshalb auf Aufmerksamkeit angewiesen ist. Doch es kommt noch schlimmer: Die Folge der Aufmerksamkeitsfalle, in der die Medien (und die Politik) stecken, ist letztlich Populismus.

Warum in der Aufmerksamkeitsfalle der Populismus lauert

Das griechische Wort ‹Demos› und das lateinische Wort ‹Populus› bedeuten etwa dasselbe: ‹Volk›. Nur bilden wir mit dem griechischen und dem lateinischen Wort für ‹Volk› zwei völlig unterschiedliche Begriffe: Die Demokratie, die Herrschaft des Volkes, gilt seit der französischen Revolution als Staatsform der freien Bürger und ist positiv besetzt. Entwickelt sich einer dieser demokratisch gewählten Bürger aber zum Populisten, schrillen die Alarmglocken.

Was also ist das, ein Populist, was ist Populismus? Der Duden definiert ‹Populismus› kurz und bündig als «von Opportunismus geprägte, volksnahe, oft demagogische Politik, die das Ziel hat, durch Dramatisierung der politischen Lage die Gunst der Massen (im Hinblick auf Wahlen) zu gewinnen». Ein Populist wäre demnach ein Volksverführer. Was macht den Anführer zum Verführer? Da schweigt der Duden.

In seinem Buch ‹Was ist Populismus?› schreibt der deutsche Politikwissenschaftler Jan-Werner Müller, Populismus sei «eine ganz bestimmte Politikvorstellung, laut der einem moralisch reinen, homogenen Volk stets unmoralische, korrupte und parasitäre Eliten gegenüberstehen – wobei diese Art von Eliten eigentlich gar nicht wirklich zum Volk gehören». Ein Populist wendet sich also im Namen des Volkes gegen die Eliten, wobei die Populisten der Ansicht sind, dass einzig sie «das wahre Volk vertreten; alle anderen vermeintlichen Repräsentanten der Bürger seien auf die eine oder andere Art illegitim». Der Schlachtruf eines Populisten ist also weniger «Wir sind das Volk» als vielmehr «Nur wir vertreten das Volk».

Donald Trump passt genau in dieses Schema: Er ist überzeugt, dass nur er Amerika zu alter Größe führen kann, und verunglimpfte im Wahlkampf alle Konkurrenten als unamerikanisch. Sogar seinen Vorgänger im Präsidentenamt: Jahrelang behauptete Trump, Obama sei gar kein Amerikaner, sondern in Kenia geboren und sei also zu Unrecht amerikanischer Präsident. Trump trieb es so bunt, dass Obama schließlich seine Geburtsurkunde veröffentlichte – deren Echtheit Trump natürlich sofort anzweifelte.

Auf dem europäischen Kontinent sind es derzeit vor allem Viktor Orbán in Ungarn und Recep Tayyip Erdoğan in der Türkei, die von sich behaupten, das einzige, wahre Volk zu vertreten. Nachdem Orbán 2002 die Wahlen verloren hatte, erklärte er: «Die Nation kann nicht in Opposition sein.» Er sieht sich also als Kopf der Nation, andere legitime Repräsentanten gibt es seiner Auffassung nach nicht. Ähnlich Recep Tayyip Erdoğan in der Türkei: Vor seiner Wahl zum Staatspräsidenten fragte er seine beiden Kontrahenten: «Wir sind das Volk. Wer seid Ihr?» Heute wird klar, dass die Kurden aus seiner Sicht nicht zu seinem Volk gehören: Er hat ihnen den Krieg erklärt und will sie mit administrativen Maßnahmen auch aus dem Parlament drängen.

Ein Populist ist also ein Politiker, der sich selbst als einzig wahren Volksvertreter sieht und das echte Volk vor falschen Eliten schützen will. Welcher Schweizer Politiker kommt Ihnen bei dieser Beschreibung in den Sinn? Richtig: Christoph Blocher. Bereits in der Albisgüetli-Rede des Jahres 2002 erklärte Blocher: «Es ist unser Auftrag, dafür zu kämpfen, dass die wahre Elite nicht durch die falsche verdrängt wird. Nicht immer kann dies nur mit schönen Worten geschehen. Oft ist zu sagen: Oben ist, was runter sollte, unten ist, was rauf gehört.»

Diese Sätze enthalten gleich zwei Merkmale eines Populisten: Zum einen unterscheidet Blocher zwischen einer wahren und einer falschen Elite, zum anderen erklärt er, er habe einen «Auftrag». Jan-Werner Müller schreibt: «Entscheidend ist in der populistischen Vorstellungswelt, dass der populistische

Führer den singulären Volkswillen richtig erkennt und umsetzt. Dem eigenen Verständnis nach führt er (oder sie) also gar nicht unbedingt, vielmehr folgt er (oder sie) im Sinne von Blochers Ethik der getreuen Auftragserfüllung dem Volk.»

Entscheidend ist dabei, dass angeblich nur der Populist allein den wahren Volkswillen auf korrekte Weise erkennt und folglich nur er allein diesen richtig repräsentiert. Dieser Volkswille ist per definitionem moralisch rein. Korrupt, dekadent, falsch ist die Elite, insbesondere die intellektuelle Elite, die, wiederum per definitionem, keine Fühlung zum moralisch reinen Volk hat und ergo bar jeder Moral ist.

Populisten unterscheiden zwischen dem guten Volk und den schlechten Eliten. Donald Trump etwa redet gerne von den ‹real Americans›. Die Folge dieser Haltung machte die SVP 2011 zum Wahlslogan: «Schweizer wählen SVP», hieß es damals auf allen Plakaten. Der Slogan drückt perfekt den Kern populistischer Politik aus: Wahre Schweizer wählen die SVP, wer die SVP nicht wählt, ist ergo eigentlich kein Schweizer.

Kern populistischer Politik ist also der moralisch reine Volkswille, den nur der populistische Politiker kennt und richtig interpretiert. Deshalb kann ein Populist eigentlich keine Abstimmungen verlieren. Schließlich kennt nur er den Willen des wahren Volkes. Wenn es trotzdem passiert, muss das System korrupt sein. So behauptet Christoph Blocher bekanntlich, seine Partei habe die Abstimmung über die ‹Durchsetzungsinitiative› verloren, weil eine gleichgeschaltete Presse sich gegen die SVP verschworen habe. Die SVP hat also den Volkswillen richtig interpretiert, aber eine böse Medienkamarilla hat das Volk vom rechten Weg geführt.

Wie lässt sich Populismus erkennen? Politikwissenschaftler Jan-Werner Müller nennt drei Erkennungsmerkmale:

1) Populisten beziehen sich immer auf das Volk als eine eindeutige moralische Größe.

2) Weil dieses eine Volk immer recht hat, folgt daraus, dass es nur eine Wahrheit gibt und der moderne Pluralismus also unmoralisch ist.
3) Populisten lehnen die Institutionen ab, weil sie diesen einen, moralisch richtigen Volkswillen zum Beispiel mit Gerichtsurteilen verwässern.

Eine moderne Demokratie zeichnet sich dadurch aus, dass es nicht ‹ein Volk› gibt, sondern eine ‹multikulturelle Bevölkerung›. In der Demokratie gibt es viele verschiedene Interessen, Perspektiven und Meinungen. Und in einer Demokratie hat niemand absolute Macht, auch nicht das Volk. Ein System von ‹Checks and Balances› sorgt mit Institutionen wie einem Verfassungsgericht oder Bundesrichtern, die auch einen Erlass des US-Präsidenten außer Kraft setzen können, für eine Gewaltenteilung auf allen Ebenen.

Wie kommt es zu Populismus? Populistische Politiker und Parteien brauchen Massenmedien. Die Kommunikationswissenschaftlerin Beata Ociepka stellt denn auch in ihrem Aufsatz über Populismus und Medien fest: «Die Existenz populistischer Parteien, Bewegungen und Politiker ist nicht möglich ohne die Nutzung der Massenmedien.» Ociepka schreibt, das politische System und das Mediensystem seien zunehmend miteinander verwachsen: «Bei einer solchen Wahrnehmung der Beziehung zwischen Medien und Politik, der zufolge die Medien über bedeutenden Einfluss auf politische Prozesse verfügen, kann auch angenommen werden, dass diese die Macht haben, populistische Politiker zu kreieren.»

Massenmedien sind also Existenzbedingung für Populismus. Und populistische Politik ist besonders gut geeignet, in Massenmedien aufgegriffen zu werden. Ociepka nennt drei wesentliche Merkmale populistischer Politik, die sie für die Medialisierung geradezu prädestinieren:

1) Das Charisma des Anführers ist wichtiger als politische Programme.
2) Populisten setzen auf eine vereinfachte Form der Kommunikation und stützen sich deshalb mehr auf emotionale als auf rationale Argumente und eher auf einseitige als auf differenzierte Darstellung.
3) Populistische Politik wird zum Spektakel.

Die Aufzählung liest sich wie ein Wunschkatalog von Boulevardmedien an die Politik. Kein Zweifel: Populistische Politik ist aufmerksamkeitsorientierte Politik; Medien und Populisten profitieren gegenseitig voneinander. Populistische Politiker befinden sich quasi im permanenten Wahlkampf und buhlen um die Masse – und sie bedienen sich derselben Mittel wie eine auf Masse und Aufmerksamkeit fokussierte Publizistik. Medien und Populisten können nicht voneinander lassen. Sie sind gegenseitig aufeinander angewiesen, profitieren voneinander, sind voneinander abhängig.

Deshalb verhält sich Donald Trump auch als gewählter amerikanischer Präsident nicht anders als im Wahlkampf: Er provoziert, übertreibt und setzt Behauptungen in die Welt, die so abstrus sind, dass alle Welt erschrickt – und die Medien machen das Spiel weiterhin mit. Ein Beispiel: Donald Trump rechtfertigte seine restriktiven Maßnahmen gegen Einwanderung mit dem Verweis auf Anschläge in Europa. In diesem Zusammenhang nannte er in einer Rede am 17. Februar 2017 in Florida auch Schweden: «Schweden, würdet ihr das glauben?», rief er. «Sie haben große Zahlen aufgenommen, und jetzt haben sie Probleme, die sie nie für möglich gehalten haben.» Und er fügte hinzu: «Schaut euch an, was gestern in Schweden passiert ist!»

Dieser Satz, «last night in Sweden», wurde zum geflügelten Wort, denn in Schweden war gar nichts vorgefallen. Die Medien berichteten tagelang über Trumps Schweden-Ausfall. Auf Twitter posteten die Benutzer unter dem Hashtag ‹#lastnightinsweden›, was in Schweden in jener Nacht alles passiert war: Wegen Sturm und Schnee wird die E10 zwischen Katterjåkk und Riksgränsen gesperrt. Nackte Männer tanzen nach einem Saunagang im Schnee. Ein IKEA-Bücherregal ist umgefallen.

Trump hatte seine Rede in Florida mit den Worten eingeleitet: «Wir sind hier, um die Wahrheit zu sprechen, die ganze Wahrheit und nichts als die Wahrheit.» Das Verrückte daran: Trump kam damit durch. Er hatte erreicht, was er suchte: Aufmerksamkeit. Die Medien schenkten ihm Sendezeit und Platz auf ihren Seiten, weil er durch seine Eskapaden den Medien wiederum Aufmerksamkeit verspricht.

Populistische Politik und eine aufmerksamkeitsorientierte Publizistik sind natürliche Partner. Populisten vereinfachen, spitzen zu, emotionalisieren. Sie teilen die Welt ganz simpel in Freund und Feind, in Gut und Böse. Sie bedienen sich alter Stereotypen und sind deshalb fremdenfeindlich und nationalistisch. Das Funktionsprinzip eines populistischen Politikers ist die Sensation. Er tritt im Namen des Volkes gegen ‹die da oben› an. Schließlich ist er der Auserwählte, der das auserwählte Volk errettet und ‹great again› macht. All diese Eigenschaften machen populistische Politiker zum Lieblingsobjekt von Boulevardmedien.

Aber warum können sich seriöse Medien diesen Effekten nicht entziehen? Wie kommt es, dass eine ‹New York Times›, eine ‹Washington Post› oder der Nachrichtensender ‹CNN› genauso häufig über Donald Trump berichten wie dessen ‹Hausmedien› ‹Breitbart News› und ‹Fox News›? Weil die Art, wie Trump mit Fakten umgeht, für seriöse Medien ein echter Skandal ist. Sie nehmen Trump wörtlich – und gehen ihm damit in die Falle. Clarence Page, langjähriger Kolumnist der ‹Chicago Tribune›, brachte es auf den Punkt: «Die Medien nehmen Trump beim Wort, aber nicht ernst. Seine Wähler nehmen ihn ernst, aber nicht beim Wort.» Eine fatale Kombination – und typisch für populistische Politiker.

Seriöse Medien sind darauf ausgerichtet, die Wahrheit zu finden. Doch im Populismus gibt es Wahrheit nicht mehr. Es gibt nur noch Setzungen, Wahrheit wird zum performativen Akt, zur Möglichkeit. Was wahr ist, bestimmt der Stärkere. Und stärker ist der, der die Medien dominiert. Also der populistische Politiker.

Ein Beispiel: In einer Serie von Twitter-Nachrichten beschuldigte Trump am 4. März 2017 seinen Amtsvorgänger Barack Obama, ihn im Trump-Tower abgehört zu haben. Ein ungeheuerlicher Vorwurf, vergleichbar mit der Tragweite des Watergate-Skandals rund um Präsident Nixon. Würde der Vorwurf zutreffen, hätte Barack Obama gleich eine ganze Reihe von Gesetzen verletzt und müsste mit einer Anklage und einer harten Strafe rechnen. Man müsste also annehmen, dass Trump gute Gründe hatte, einen so schweren Vorwurf in die Welt zu setzen. Doch Trump legte auch auf Nachfragen keinerlei Beweise vor.

Obama wies die Vorwürfe vehement zurück. James R. Clapper, Geheimdienstdirektor unter Barack Obama, erklärte, Trump sei nie abgehört worden. Auch republikanische Politiker distanzierten sich mit der Aussage, sie hätten nie Hinweise darauf gesehen, von den Anschuldigungen. Trump konnte auch nach Wochen nicht den Schimmer eines Beweises vorlegen. Dennoch sprach er immer wieder darüber und hielt das Thema so in den Medien. Die seriösen Medien berichteten über den Vorwurf, gerade weil er so ungeheuerlich war und gerade weil Trump keinerlei Beweise unterbreitete. Die Medien widmeten sich dem Vorwurf also, weil er nicht wahr war – durch die ständige Präsenz in den Medien wurde der Vorwurf aber erst real, eine Abhöraktion durch Barack Obama zur

Möglichkeit. Letztlich spielen gerade seriöse Medien Populisten in die Hände, weil sie dadurch, dass sie sich mit den Lügen beschäftigen, die Lüge zur Wahrheit machen.

Je stärker die Medien in der Aufmerksamkeitsfalle sitzen und um die Aufmerksamkeit ihrer Leser, Hörer und Zuschauer buhlen, desto eher werden sie zur Beute populistischer Politik. Populismus führt im Endeffekt zu einer illiberalen Demokratie, einer antielitären und antipluralistischen Tyrannei der Mehrheit. Auf diese Weise wird letztlich die Aufmerksamkeitsfalle zur Gefahr für die liberale Demokratie.

Die Aufmerksamkeitsfalle im Überblick

Was bedeutet das alles? Welche Konsequenzen müssen wir daraus ziehen? Was heißt das für die Medienhäuser, für Journalisten, für Sie als Medienkonsumenten?

Tragen wir noch einmal kurz die wichtigsten Argumente zusammen:

1) Medien brauchen Aufmerksamkeit
Medien brauchen Aufmerksamkeit. Ohne Aufmerksamkeit ist eine Zeitung bloß farbiges Papier, ein Fernseher wird zur flackernden Zimmerbeleuchtung. Entscheidend ist, warum ein konkretes Medium Aufmerksamkeit erhält.

2) Aufmerksamkeit besteht aus ‹awareness› und ‹attention›
Was wir mit dem deutschen Wort ‹Aufmerksamkeit› bezeichnen, hat zwei Zustände: Eine breitbandige Stand-by-Aufmerksamkeit, die sich auf Englisch als ‹awareness› bezeichnen lässt, und eine fokussierte Aufmerksamkeit, die auf Englisch ‹attention› heißt. Der Übergang von ‹awareness› zu ‹attention› heißt ‹Aufmerken›.

3) Das ‹Aufmerken› ist evolutionär fest verankert
Die Gründe, warum wir aufmerken und von einer breitbandigen Aufmerksamkeit in eine fokussierte ‹attention› wechseln, haben viel mit der Evolution zu tun: Ursprünglich hat der Prozess des Aufmerkens das Überleben der Art sichergestellt und kreist daher um die Gefahrenerkennung, die Fortpflanzung und die Nachwuchspflege.

4) Medien nutzen diese Aufmerkprinzipien
Diese fest verankerten Aufmerkprinzipien lassen sich auf eine einfache Formel bringen: Gefahr, Sex und ‹Niedlichkeit›. Ich

verwende dafür die 3B-Formel: ‹Blut, Brüste, Büsi›. Das ist die Formel der Boulevardpresse, die sich dieser Aufmerkprinzipien bedient.

5) Das Schlaraffenlandproblem

Medienkonsumenten haben heute auf unvergleichlich viel mehr Medien Zugriff als noch vor ein paar Jahren. Ein Grund ist das Internet, dazu kommen Kabelfernsehen und Digitalradio. Die Auswahl an Medien hat sich potenziert. Der einzelne Medienkonsument steht in einem unendlich großen Mediensupermarkt, in dem die meisten Angebote auch noch gratis sind. Es stellt sich ihm das Schlaraffenlandproblem.

6) Neue Finanzierungsmodelle basieren auf Aufmerksamkeit

Veränderte Konsumgewohnheiten und die riesige Auswahl haben dazu geführt, dass die klassischen Medienabonnemente schrumpfen. Immer mehr Medien setzen deshalb auf rein werbebasierte Finanzierungsmodelle. Sie setzen deshalb auf Reichweite (also auf Klicks) und versuchen, möglichst viel Werbung zu verkaufen. Die neuen Finanzierungsmodelle basieren also letztlich auf Aufmerksamkeit.

7) Das Schlaraffenlandproblem verschärft den Kampf um Aufmerksamkeit

Internet, Kabelfernsehen und Digitalradio haben das Medienangebot vervielfältigt. Wir leben im Medienschlaraffenland. Das macht es immer schwieriger, die Aufmerksamkeit der Benutzer, Leser und Zuschauer zu erhalten. Das Schlaraffenlandproblem führt deshalb zu einer Boulevardisierung der Medien.

8) Verschärfung durch Desensibilisierungseffekte

Die Aufmerksamkeit der Medienkonsumenten zu erlangen, wird immer schwieriger, weil die Medienkonsumenten jedem

Reiz gegenüber rasch abstumpfen. Das gilt für alle Reize, ob Tempo, Erotik oder politische Tabus. Diese Abstumpfungseffekte nenne ich Desensibilisierungseffekte. Sie führen dazu, dass die Amplituden immer höher und größer werden.

9) Abnützung durch Push-Meldungen

Die Medien suchen immer neue Möglichkeiten, die Aufmerksamkeit der Medienkonsumenten zu erlangen. Ein Mittel, das derzeit Furore macht, sind Push-Meldungen: Auf elektronischen Geräten senden Medien zu wichtigen Meldungen Kurznachrichten, die zum Beispiel auf dem Handy schon auf dem Sperrbildschirm auftauchen. Weil das gut funktioniert, werden immer mehr Push-Meldungen verschickt – deshalb nützen sich auch Push-Meldungen sehr rasch ab.

10) Das Hirtenjungen-Phänomen

Wer einmal lügt, dem glaubt man nicht, und wenn er auch die Wahrheit spricht. Das ist kurz gesagt das, was ich als Hirtenjungen-Phänomen bezeichne: Der Hirtenjunge rief aus Langeweile, der Wolf sei da, die Bauern eilten ihm vergebens zu Hilfe. Als der Wolf dann tatsächlich kam, kam dem Hirtenjungen niemand mehr zu Hilfe. Eine boulevardisierte Medienlandschaft verliert an Glaubwürdigkeit, weil die Sensation das generelle Funktionsprinzip ist.

11) Die Briefträger-Verzerrung

Aufmerksamkeit richtet sich auf das Besondere. Das Normale wird nicht beachtet. Im Bild ausgedrückt: Wenn ein Hund den Briefträger beißt, ist das keine Geschichte. Eine Geschichte ist es aber, wenn der Briefträger einen Hund beißt. Weil deshalb nur beißende Briefträger gemeldet werden, entsteht der Eindruck, dass diese häufiger vorkämen als beißende Hunde. Genau dieser Effekt spielt bei Themen wie Flugzeugabstürzen oder Erdbeben. Die Medien vermitteln eine verzerrte Wahrnehmung – Medienkonsumenten machen sich der Briefträger-Verzerrung wegen ein falsches Bild der Welt.

12) Boulevardmedien führen zu Boulevardpolitik

Die auf Aufmerksamkeit ausgerichteten Medien führen mit der Zeit zu einer Politik, die sich ebenfalls auf Aufmerksamkeit ausrichtet. Statt darum, Lösungen für echte Probleme anzugehen, geht es in der aufmerksamkeitsorientierten Politik um Symbolprobleme, die zwar nicht relevant sind, aber für viel Aufmerksamkeit sorgen. Ein Beispiel dafür ist die ‹Minarett-Initiative› in der Schweiz oder die Diskussion um das Burkaverbot in vielen europäischen Ländern. Boulevardisierte Medien führen auf diese Weise letztlich zu Boulevardpolitik.

13) Die Aufmerksamkeitsfalle führt zu Populismus

Im Endeffekt führt die Spirale der Aufmerksamkeit und der Boulevardisierung der Politik zu Populismus.

Auswege aus der Aufmerksamkeitsfalle

Medien stecken also in der Aufmerksamkeitsfalle. Das ist nicht nur für die Medien relevant, sondern für uns alle, weil die Folgen für die Politik und damit die ganze Gesellschaft letztlich unerwünscht sind. Was aber können wir tun? Gibt es Auswege aus der Aufmerksamkeitsfalle?

Auswege für die Medien

Rein aufmerksamkeitsbasierte Businessmodelle werden sich nur bei einem kleinen Teil der Medien durchsetzen, weil es auf Dauer wegen Phänomenen wie der Desensibilisierung – und weil wir uns in einem unendlich großen Medienschlaraffenland befinden – nicht möglich ist, die Aufmerksamkeit der Medienkonsumenten zu erhalten. Für die meisten Medien ist die Hinwendung zu einer aufmerksamkeitsorientierten Publizistik also eine Sackgasse.

Gibt es Auswege aus der Aufmerksamkeitsfalle für die Medien? Wer vom Zucker loskommen will, muss aufhören, Zucker zu essen. Aus der Aufmerksamkeitsfalle kommen heißt: sich nicht mehr (primär) nach der Aufmerksamkeit richten. Natürlich braucht jedes Medium Aufmerksamkeit im Sinne von ‹attention›, sonst würde eine Zeitung nicht gelesen und ein TV-Programm nicht gesehen. Es geht aber um den Grund, warum es zum Aufmerken kommt, also die Ursache für das Umschalten von ‹awareness› zu ‹attention›.

Wenn dieses Aufmerken rein Neugierde-basiert ist, wie wir das bisher in diesem Buch angenommen haben, dann ist die Aufmerksamkeit eine flüchtige und eine untreue Angelegenheit. Sie wendet sich dem jeweils stärksten Reiz zu – und von diesem sogleich wieder ab, wenn ein anderer, stärkerer Reiz auftaucht. Weil die Empfindlichkeit der Menschen sich wiederholenden Reizen gegenüber abnimmt, müssen die Reize immer stärker werden – die Aufmerksamkeitsfalle öffnet sich. Das bedeutet, dass die Aufmerksamkeit nicht aufgrund eines Reizes dem Medium zugewendet werden darf, sondern aufgrund eines Entscheides.

Nehmen wir einen Roman von Thomas Mann, sagen wir den ‹Zauberberg›. Es kann ja sein, dass Sie in der Buchhandlung zum ‹Zauberberg› greifen, weil Ihnen das Titelbild gefällt. Das wäre Aufmerken nach klassischen Aufmerksamkeitskriterien. Vielleicht lesen Sie sogar die ersten paar Zeilen. Dieser erste Impuls wird aber sicher nicht für den ganzen Roman ausreichen. Vermutlich reicht er nicht einmal über die erste Seite hinaus. Wenn Sie den Roman trotzdem lesen – warum tun Sie das? Weil Sie sich dafür entschieden haben. Vielleicht müssen Sie den Roman lesen, vielleicht wollen Sie ihn unbedingt lesen – Sie haben sich entschieden, den Roman zu lesen. Dieser Entscheid reicht weit über das simple Erlangen von Aufmerksamkeit aufgrund eines Reizes hinaus.

Wie kann ein Medienangebot dafür sorgen, dass das Publikum sich jenseits von Reizen für genau dieses Angebot entscheidet? In der Vergangenheit, der guten alten Zeit, war vor allem ein Faktor ausschlaggebend: die Gewohnheit. Eine Gewohnheit, in der sich die Medienkonsumenten einrichteten wie in alten Jeans oder einer ausgebeulten Jacke. Es braucht lange, bis so eine Gewohnheit aufgebaut ist. Gewohnheit kann nicht die Lösung sein, welche die Medien anpeilen. Gewohnheitsmechanismen können allenfalls auf lange Sicht zum Erfolg beitragen.

Nein, wenn es nicht Aufmerksamkeit aus Neugier aufgrund von Reizen und nicht Gewohnheit ist, dann sehe ich nur eine Lösung: Nutzen. Das Medienangebot muss nützlich sein, es muss einen klar ersichtlichen Nutzen schaffen. Das ist nicht abwegig. Genau das machen zum Beispiel jene Internetplattformen, die den Tageszeitungen die Rubrikenanzeigen weggenommen haben.

Sie sind ganz einfach nützlicher als die Zeitungen. Der Benutzer kommt auf einer Immobilien- oder einer Jobplattform schneller ans Ziel. Ein anderes Beispiel ist die Suchmaschine Google, die sogar das Design ganz auf den zentralen Nutzen reduziert hat: das Suchfeld. Da schwingen keine Nackedeis die Beine, es gibt weder Blut noch niedliche Bilder – Google ist ganz einfach so nützlich, dass die Suchmaschine genutzt wird.

Welchen Nutzen könnte eine politische Zeitung ins Zentrum stellen, so dass die Leserinnen und Leser sie nutzen? Simpel: Information ohne Sensation. Das heißt: Erklärung statt Emotionalisierung, Bildung statt Blut und Brüste. Nein, das wird kein Massenmedium. Denn die große Masse der Menschen ist nicht so wahnsinnig an Bildung interessiert. Das war früher nicht anders. Auch viele Tageszeitungen wurden nicht abonniert und gelesen, weil sie so klug waren, sondern weil sie den Wetterbericht enthielten und Todesanzeigen, weil man in einer Tageszeitung eine Wohnung fand und eine Stelle und, vielleicht, eine neue Liebe. All diese Dienste sind ins Internet abgewandert (mit Ausnahme vielleicht der Todesanzeige), und sie sind da sehr erfolgreich.

Der Zeitung bleiben nur die klugen Inhalte – und die sind nun mal nur etwas für interessierte Menschen. Deshalb steckt auf Dauer hinter jeder Zeitung ein kluger Kopf. Deshalb sind Titel wie die ‹Zeit› erfolgreich, die Feld-Wald-Wiesen-Zeitung aber eher nicht. Es gibt nun mal nicht so viele Intellektuelle.

Vielleicht gibt es weitere Nutzen, die Medien anpeilen können. Die Schwierigkeit im Internetzeitalter ist, dass das Internet die Geographie vernichtet und deshalb pro Sprachraum nur zwei oder drei Angebote überleben werden. Es braucht für die Schweiz oder für Deutschland nur eine oder zwei große Jobplattformen. Es braucht nur eine oder zwei große Suchmaschinen. Es wird auch nur zwei bis drei große, intellektuelle Zeitungen brauchen.

Der Nutzen, den ein Medienangebot schafft, muss so gut sein, dass die Konsumenten bereit sind, dafür zu bezahlen. Es darf durchaus eine Mischfinanzierung sein wie früher, die Einnahmen dürfen also durchaus aus dem Lesermarkt und dem Werbemarkt kommen. Auf Dauer wird man aber nur Medienangebote ernst nehmen können, für die der Kunde zu zahlen bereit ist. Alles andere ist nicht nachhaltig – weder für die Anbieter noch für die Konsumenten. Man könnte es so sagen: Der Nutzen eines Angebots bemisst sich daran, ob seine Benutzer bereit sind, dafür zu zahlen.

Das Problem ist, dass die meisten Menschen gefühlt viel Geld für Informationen bezahlen, auch wenn sie kaum Geld für Medieninhalte ausgeben. Der Grund sind die Ausgaben für die Technik: Man zahlt viel Geld für Computer und Fernseher, den Kabelfernsehanschluss und das Internetabonnement. Die Konsumenten haben also ‹gefühlt› bereits für die Zeitung im Internet bezahlt – und jetzt will die nochmal Geld. Ein paar flotte Headlines reichen dazu nicht aus. Es braucht mehr als schlüpfrige Bilder und eine kesse Lippe in der Kommentarspalte. Das Medienangebot muss beim Benutzer ein Delta schaffen, das die Benutzerin, der Benutzer mit Geld zu entlohnen bereit ist. Ich sehe nur einen Bereich, der auf Dauer funktionieren kann: Bildung im breitesten, aber auch im konkretesten Sinn.

Was kann das Publikum tun?

Wenn du nicht willst, dass der Affe Zucker frisst, dann gib ihm keinen Zucker. Belohnen Sie die Aufmerksamkeitsstrategien der Medienanbieter nicht mit Aufmerksamkeit. Das Angebot folgt der Nachfrage. Je häufiger Sie auf einen Nackedei klicken, desto eher wird es weiterhin Nackedeis im Internet geben. Gerade in der Medienwelt ist der Kunde König – mit Ihrem Verhalten steuern Sie das Angebot.

Jetzt werden Sie sagen, dass es auf Ihren Klick ja wohl nicht ankommt. Nein, auf Ihren Klick alleine kommt es nicht an. Aber auch auf Ihren Klick. Und vor allem auf Ihr Geld. Verabschieden Sie sich vom Gedanken, dass gute Information gratis ist. Was gut ist, kostet. Und es soll Sie nicht nur Aufmerksamkeit kosten. Am direktesten steuern Sie das Angebot mit Ihrem Geld, sei das über Abobeiträge, freiwillige Donationen, Crowdfunding oder den Kauf von Medien.

Plädoyer für die Aufklärung

Letztlich ist es für unsere liberale, aufgeklärte Gesellschaft eine Überlebensfrage, dass wir uns aus der Aufmerksamkeitsspirale verabschieden, uns also der Aufmerksamkeitsfalle entziehen und uns wieder dem widmen, was unsere Gesellschaft im Kern ausmacht: der Aufklärung, also der Bildung.

Das Spiel mit der Aufmerksamkeit ist letztlich ein Spiel mit den Instinkten, mit den Überlebensinstinkten, welche die Evolution tief in uns eingepflanzt hat. Wir sprechen an auf Storys über Unfälle und Verbrechen, über Sex und über niedliche Kinder, weil wir evolutionär programmiert sind auf die Erhaltung unserer Art. Diese Instinkte waren wichtig für das Überleben in der Savanne. Für das Überleben in der Informationsgesellschaft, im Medienschlaraffenland, brauchen wir neue Instinkte und neue Verhaltensweisen. Es ist Zeit, den Verstand einzuschalten.

Bibliographie

Daniel Allen Berkowitz (Hg.): Social meanings of news. London: Sage Publications 1997.

Norbert Bolz, Friedrich Kittler, Christoph Tholen: Computer als Medium. München: Wilhelm Fink Verlag 1994.

Ingrid Brodnig: Hass im Netz. Was wir gegen Hetze, Mobbing und Lügen tun können. Wien: Brandstätter 2016.

Peter A. Bruck, Günther Stocker: Die ganz normale Vielfältigkeit des Lesens. Zur Rezeption von Boulevardzeitungen. Münster: LIT Verlag 2002.

Axel Bruns: Vom Gatekeeping zum Gatewatching. Modelle der journalistischen Vermittlung im Internet. In: Christian Neuberger, Melanie Rischke (Hg.): Journalismus im Internet. Profession, Partizipation, Technisierung. Wiesbaden: VS Verlag für Sozialwissenschaften 2009.

Heinz Bude: Das Gefühl der Welt. Über die Macht von Stimmungen. München: Carl Hanser Verlag 2016.

Rolf Dobelli: Die Kunst des klaren Denkens. 52 Denkfehler, die Sie besser anderen überlassen. München: Carl Hanser Verlag 2011.

Didier Eribon: Rückkehr nach Reims. Berlin: Suhrkamp 2017.

Joseph Farah: Stop the presses!: the inside story of the new media revolution. Los Angeles: WND Books 2007.

Georg Franck: Die Ökonomie der Aufmerksamkeit. München: Carl Hanser Verlag 1989.

Werner Faulstich (Hg.): Grundwissen Medien. München: Wilhelm Fink Verlag 4. Aufl. 2000.

Werner Faulstich: Die bürgerliche Mediengesellschaft, 1700 – 1830. Göttingen: Vandenhoeck & Ruprecht 2002.

Dan Gillmor: We the media: grassroots journalism by the people, for the people. Bejing: O'Reilly Media 2006

Frank Hartmann: Techniktheorien der Medien. In: Stefan Weber (Hg.): Theorien der Medien. Konstanz: UKV 2003, S. 49 – 80.

Dagmar Hoffmann, Lothar Mikos (Hg.): Mediensozialisationstheorien. Neue Modelle und Ansätze in der Diskussion. Wiesbaden: VS Verlag für Sozialwissenschaften 2007.

Stefan Hoffmann: Geschichte des Medienbegriffs. Hamburg: Meiner 2002.

Manfred Kammer: «Geschichte der Digitalmedien». In: Schanze, Helmut (Hg.): Handbuch der Mediengeschichte. Stuttgart: Alfred Körner Verlag 2001, S. 515 – 554.

Erich Kästner: Drei Männer im Schnee. Zürich: Rascher Verlag 1934.

Helmuth Kiesel: Briefe der Liselotte von der Pfalz. Herausgegeben und eingeleitet von Helmuth Kiesel. Frankfurt am Main: Insel Verlag 1981.

Manfred Knoche: Die geschenkte Zeitung. Bestandsaufnahme und Studien zu einem neuen Pressetyp in Europa. Beiträge zur Medienökonomie. Münster: Lit Verlag 2005.

Sybille Krämer (Hg.): Medien, Computer, Realität. Wirklichkeitsvorstellungen und Neue Medien. Frankfurt: Suhrkamp 1998.

Arlette Lebigre: Liselotte von der Pfalz. Eine Wittelsbacherin am Hofe Ludwigs XIV. Düsseldorf: Claassen Verlag 1995.

Rainer Leschke: Einführung in die Medientheorie. München: Wilhelm Fink Verlag 2003.

Klaus Mainzer: Zeit. Von der Urzeit zur Computerzeit. München: C.H. Beck 1995.

Käte Meyer-Drawe: Aufmerken – eine phänomenologische Studie. In: Reh et al.: Aufmerksamkeit. Geschichte – Theorie – Empirie. Wiesbaden: Springer Fachmedien, S. 117–126.

Jan-Werner Müller: Was ist Populismus? Ein Essay. Frankfurt am Main: Suhrkamp 2016.

Walter Niederberger: Trumpland – Donald Trump und die USA. Porträt einer gespaltenen Nation. Zürich: Orell Füssli Verlag 2016.

Beata Ociepka: Populismus und Massenmedien. Anmerkungen zur Rolle der Medien. In: Rudolf von Thadden, Anna Hofmann (Hg.): Populismus in Europa – Krise der Demokratie? Göttingen: Wallstein 2005, S. 31–42.

Johannes Raabe, Boulevardpresse. In: Günter Bentele, Hans-Bernd Brosius, Otfried Jarren (Hg.): Lexikon Kommunikations- und Medienwissenschaft. Wiesbaden: VS Verlag 2006, S. 26.

Sabine Reh, Kathrin Berdelmann, Jörg Dinkelaker (Hg.): Aufmerksamkeit. Geschichte – Theorie – Empirie. Wiesbaden: Springer Fachmedien 2015.

Florian Rötzer: Digitale Weltentwürfe. München: Carl Hanser Verlag 1998.

Petra Schaf: Buchbesitz im Herzogtum Württemberg im 18. Jahrhundert am Beispiel der Amtsstadt Wildberg und des Dorfes Bissingen/Enz. Stuttgart: Jan Thorbecke Verlag 2002.

Werner Scholze-Stubenrecht: Duden. Deutsches Universalwörterbuch. Berlin: Dudenverlag 2016.

Manfred Spitzer: Digitale Demenz. Wie wir uns und unsere Kinder um den Verstand bringen. München: Droemer Verlag 2012.

Manfred Spitzer: Vorsicht Bildschirm! Elektronische Medien, Gehirnentwicklung, Gesundheit und Gesellschaft. Stuttgart: Ernst Klett Verlag 2005.

Rudolf von Thadden, Anna Hofmann (Hg.): Populismus in Europa – Krise der Demokratie? Göttingen: Wallstein 2005.

Peter Uebersax: Blick zurück. Erinnerungen eines Chefredaktors. Zürich: Scalo Verlag 1995.

Martin Warnke, Wolfgang Coy, Georg Christoph Tholen (Hg.): HyperKult II. Zur Ortsbestimmung analoger und digitaler Medien. Bielefeld: transcript Verlag 2005.

Stefan Weber (Hg.): Theorien der Medien. Konstanz: UKV 2003.

Hartmut Winkler: «Medium Computer. Zehn populäre Thesen und warum sie möglicherweise falsch sind.» In: Lorenz Engell, Britta Neitzel (Hg.): Das Gesicht der Welt: Medien in der digitalen Kultur. München: Wilhelm Fink Verlag 2004.

Peter Winzen: Das Kaiserreich am Abgrund. Die Daily-Telegraph-Affäre und das Hale-Interview von 1908. Darstellung und Dokumentation. Stuttgart: Franz Steiner Verlag 2002.

Sabine Wollscheid: Lesesozialisation in der Familie. Eine Zeitbudgetanalyse zu Lesegewohnheiten. Wiesbaden: Verlag für Sozialwissenschaften 2008.

Matthias Zehnder: Surfen im Internet. Geschichte und Geschichten des Internets. Kilchberg: Smart Books 1997.

Matthias Zehnder: Gefahr aus dem Cyberspace? Das Internet zwischen Freiheit und Zensur, Basel: Birkhäuser 1998.

Ebenfalls bei Zytglogge erschienen

Michael Hermann

Was die Schweiz zusammenhält

Vier Essays zu Politik und Gesellschaft eines eigentümlichen Landes

ISBN 978-3-7296-0918-1

Welche Kräfte halten das heterogene Gebilde der Schweiz, bestehend aus direkter Demokratie, Machtteilung und -begrenzung, Föderalismus, Mehrsprachigkeit usw. als stabile staatliche Einheit zusammen? Gibt es eine spezifisch schweizerische Identität und, wenn ja, aus welchen Quellen nährt sie sich? Aus vier Perspektiven nähert sich der Politikwissenschaftler und Geograf Michael Hermann dem ‹Phänomen Schweiz› an. Schicht für Schicht legt er dabei das feinstoffliche Gewebe frei, das dieses Land ausmacht und letztlich auch zusammenhält.